第五次社会浪潮

工业的未来、技术、方法和工具

［法］布鲁诺·萨尔格斯（Bruno Salgues） 著

高宏 译

Industry of the Future,
Technologies, Methods and Tools

机械工业出版社
CHINA MACHINE PRESS

本书是对社会 5.0 的系统分析和总结。作者预测了"未来企业"的诞生，并分析了这些企业运营的模式和特征。在对自动化、去物质化、数字化、工业化和服务化等概念进行分析的基础上，作者提出了社会 5.0，认为社会 5.0 是一种重大的社会变革，它是一系列新兴技术共同作用的结果。通过介绍社会 5.0 的发展规律，明确我们在未来的工业制造中需要哪些类型的基础设施、知识和技能；应该采用哪些管理工具；应该采取哪些不同类型的管理方式和企业结构；将不得不面对哪些挑战；对基础设施、知识与技能的管理将如何改变集体行动……以期改善我们赖以生存的社会，铸就未来工业的辉煌。

Copyright© 2018 John Wiley & Sons, Inc.

All Rights Reserved. This translation published under license. Authorized translation from the English language edition, entitled Society 5.0: Industry of the Future, Technologies, Methods and Tools, ISBN: 9781786303011, by Bruno Salgues, Published by John Wiley & Sons, Inc. No part of this book may be reproduced in any form without the written permission of the original copyrights holder.

本书中文简体字版由 Wiley 授权机械工业出版社独家出版，未经出版者书面允许，本书的任何部分不得以任何方式复制或抄袭。
版权所有，翻印必究。
北京市版权局著作权合同登记 图字：01-2019-2814 号

图书在版编目（CIP）数据

第五次社会浪潮：工业的未来、技术、方法和工具／（法）布鲁诺·萨尔格斯（Bruno Salgues）著；高宏译. —北京：机械工业出版社，2022.1

书名原文：Society 5.0: Industry of the Future, Technologies, Methods and Tools

ISBN 978-7-111-70150-7

Ⅰ.①第… Ⅱ.①布… ②高… Ⅲ.①制造工业-工业发展-研究 Ⅳ.①F407.406

中国版本图书馆 CIP 数据核字（2022）第 024160 号

机械工业出版社（北京市百万庄大街 22 号　邮政编码 100037）
策划编辑：坚喜斌　　　　责任编辑：坚喜斌　陈　洁
责任校对：张　薇　　　　责任印制：邵　敏
北京汇林印务有限公司印刷

2022 年 2 月第 1 版·第 1 次印刷
170mm×240mm·15.75 印张·3 插页·195 千字
标准书号：ISBN 978-7-111-70150-7
定价：88.00 元

电话服务　　　　　　　　　网络服务
客服电话：010-88361066　　机 工 官 网：www.cmpbook.com
　　　　　010-88379833　　机 工 官 博：weibo.com/cmp1952
　　　　　010-68326294　　金　书　网：www.golden-book.com
封底无防伪标均为盗版　机工教育服务网：www.cmpedu.com

序

社会5.0揭幕

普罗米修斯是教给人类技术的神,阿特拉斯是亚特兰蒂斯王国的伟大统治者。他们做的都对,宙斯不该给他们降罪,害得一个白天被鹫鹰啄食掉肝脏、晚上肝脏又重新长出来,另一个则把世界扛在肩膀上。

一天,"阿特拉斯耸了耸肩",世界就倒塌了。《阿特拉斯耸耸肩》(Atlas shrugged)是著名哲学家安·兰德(Ayn Rand)在1957年撰写的一部卷帙浩繁的小说。她在书中总结了自己的论点,讲了这样一个故事:被剥削的商人在蛊惑人心的政客的控制下决定放弃,于是美国经济全线崩溃。然而,和每一部优秀的美国小说一样,这个故事的结局也是乐观的:那些前沿技术人员的负责人约翰·加尔(John Gal)在决定放弃后,和伙伴从他们的秘密山谷中走出来,说:"让我们去重建世界。"

布鲁诺·萨尔格斯教授的这本书的主题几乎相同:我们正在创造着社会。然而,这不是一部小说。它反映的是那些塑造世界的技术的方方面面:工业革命4.0当然在内,但也包括一些新兴的营销方法和商业管理的演变。本书把我们隐隐感觉到的一些微弱信号转化为对当下正在发生的社会演变的绝妙的综合分析。

25年前,在一次专门讨论无源电子元件的全国性会议上,布鲁诺·萨尔格斯教授做了发言(之前我与他从未谋面),他对一位工业家的演讲进行了相关点评——尽管这位工业家是其领域的专家。我对他的发言感到困惑,便在会议结束时去找他,提出之后见个面,继续听他分析。他的回应是:"首先,我想看看你的公司和工厂,然后再详细讨论。"我们就这样做了。从那时起,我们就定期见面,一起讨论。

我还记得我们曾在2005年一同前往中国,去参观一个电子设备展。当时一些跟我们竞争的中国企业也开始制造产品,我关注的都是他们的产品,而他却在捕捉一些微弱的信号,并向我阐述他从中推断出的未来趋势。印象太深了!

本书是对一个社会的总结。拥有硕士学位的学生会觉得它很有意思,可以据此生发某种个人视野;经验丰富的经理人也会对它感兴趣,可以从中找到灵感的源泉。

想一想,本书讲述的那些具体例子可能就是希腊神话故事的现代版。所以,祝您阅读愉快。

约瑟夫·普佐(Joseph PUZO)

前　言

社会5.0是场重大社会变革

本书和我几年前写的那本关于手机的书一样，都很难写、很难构思，因为在这不断发展壮大的社会5.0里，万物都相互关联。本书预见了"未来企业"的诞生——许多演讲和白皮书都以此为主题，但它们当中有很多并不合格。这种类型的社会依赖于一系列概念：自动化、去物质化、数字化、工业化和服务化，这些概念撼动了经济和政治生活，催生了一些新行动者，也造成一些强大的著名企业消亡，而其他企业则目睹了这场突变的发生。它是那么复杂、残酷而又那么真实。

社会5.0涉及一个重大社会变革。它是一些技术诞生后的结果，这些技术已经很成熟，并以创纪录的速度发布，这是在20世纪无法做到的。

保罗·瓦莱里（Paul Valéry）是否预见到了社会5.0的到来？他写道："这种彻底的放纵会导致什么呢？……那么多的出版物，每天更新的频率那么高。这些印刷品和出版物源源不断，每天都要做的模式判断没完没了，各种印象层出不穷——所有这些混杂在一起，把我们的大脑变成了一种真正的灰质。没有什么是主宰，我们产生一种奇怪的感觉：新鲜事物是那么单调，奇迹和极端令人厌倦。"

信息洪流和信息过载这两个主题在本书中也很常见，它们迫使我们对信息进行充分的处理。无聊既是一种推论，也是一个对立因素，它是本书提出的管理方法的要素之一。

让我们再一次引用保罗·瓦莱里的话："但个体也意味着思想自由。

我们已经发现，在现代生活的影响下，这种自由（就其最大意义而言）已经成了一种虚幻的东西。我们被影响、被骚扰、被愚弄，容易受各种矛盾、各种将现代文明所处环境撕裂的不和谐因素的伤害。尚未等国家彻底将其同化，个体就已经妥协了。"

我要感谢那些有勇气阅读、修改和批评本书初稿的人，他们是：亚历克西斯（Alexis）、约瑟夫（Joseph）、莫尼克·玛丽（Monique Marie）和菲利普（Philippe）。

本书不是一本反政治、关于管理或技术营销的手册，也不是一本关于创新的理论书籍。它是这样一本书：既希望与正徐徐拉开大幕的社会5.0——一个经常被误解的社会——的种种赘疣做斗争，也想通过介绍构成这个社会的思想以及它的相关技术——这些都是为了改善社会——来赌一把。本书可能看起来像一本充满了哲学概念和各种定义的手册，为此我事先向一些读者表示歉意，但事实就是如此。

布鲁诺·萨尔格斯

导 语

社会5.0概述

2017年6月,德洛克(De Lork)协会的财务政策官员保罗·林特因斯(Paul Reyntjens)在其领英个人主页上发表了一篇法语文章,以下内容的灵感即源于此,开头部分均摘录、翻译自该篇文章。

"1998年,柯达公司有17万名员工,销售世界上85%的相纸。几年后,公司宣布破产。发生在柯达身上的事情将在未来10年内发生在许多公司身上,可人们却看不见。你会在1998年想到3年后再也不能用相纸拍照了吗?"

需要指出的是,这些商业帝国的消失并非那一代企业独有的命运。美国在线(AOL)、来科思(Lycos)、雅虎(Yahoo)和欧艺(ouiEurope)也都同样黯然退场,尽管它们在一段时期内都曾是新经济"明星"——这是当年它们登场时用的词。数码相机是在20世纪70年代发明的,主要由柯达公司的一名工程师发明。据摄影师说,这些设备最初的分辨率较差,几乎还不到10000像素,而现在的相机都拥有几千万像素。和所有新技术一样,这些设备在很长一段时间内令人失望,甚至看起来无法使用。一些企业家看得一清二楚,他们预计这些产品不会获得成功。

可事实却恰好相反,这些技术先是取代了传统技术,更让人想不到的是,后来它们越来越完善。所有这些技术都拥有两股"神秘"的力量:数字化和去物质化。

古典经济,即社会1.0,以农业为基础。

"未来将会有一种农业机器人,其价格为100美元。到那时,第三世界的农民就能管理他们的田地,不用整日辛苦劳作。水耕法的需水量将大幅减少。到2018年,实验室生产的小牛肉已经上市,而且会比天然的小牛肉更便宜。现在,农田的30%都用于饲养牲畜。想象一下,以后我们可能不再需要牲畜。几家新公司很快就会在市场上推出昆虫蛋白质。这些蛋白质比动物蛋白质更丰富。它们将被列为蛋白质的替代来源。"

目前,农业——社会2.0的基础——正在发生重大变化,我们必须要研究这些变化在社会5.0中的应用。这个农耕社会遭到了工业社会,即社会3.0的质疑。

工业社会的优势来源于电力等能源所提供的动力,这些动力使工业产生变革。比如,随着电力的出现,纺织业无须靠近能源选址,比如法国鲁贝地区(Roubaix)的煤炭、德国黑森州(Hesse)的煤炭,以及法国中央高原(Massif Central)南部的电坝。工业选址取决于这些能源。这个话题很时髦,因此很多从未下过车间的学者都在讨论这个话题,并取得了或多或少的成功。

"电力会变得特别清洁、特别廉价,令人咋舌。过去30年,太阳能生产一直呈指数增长。我们才刚刚开始看到其影响。2017年,在全世界范围内,由太阳能生产的能源超过由化石生产的能源。太阳能的价格会大幅下降,到2025年,每个煤矿都将停止开采。

"廉价的电力意味着人们能以低廉的价格获得大量的水。

"现在对每立方米海水进行淡化,只需2千瓦时。

"大多数情况下我们缺的不是水,而是饮用水。试想,如果每个人都能几乎不花一分钱就拥有无限量的饮用水,那将会带来什么可能。"

新兴的社会将摆脱与能源定位有关的问题,并能调动其生产来源,这些都要归功于信息社会。社会4.0,即工业社会之后的信息社会,是我们正在研究的这个新社会的基础。因此，在未来 5~10 年，第四次工业革命将利用信息和通信技术以及与知识相关的工具，改变大多数传统产业。

在这些技术中，让我们来谈谈人工智能和 3D 打印。

0.1　人工智能

在人工智能方面，计算工具及记忆和算法的种种可能性使其越来越高效，并且这种情况正以指数级增长。此外，理解世界的有效方法论也日益增多。20 世纪 70 年代，由于程序中出现"逻辑错误"，计算机击败了国际象棋选手；到了 2016 年，计算机最终击败了围棋最佳选手。在人工智能领域，错误是有益的，总体而言，精确具有象征意义。

"美国的年轻律师很难找到工作。这是因为 IBM 的沃森（Watson）计算机可以在几秒钟内针对多少有些复杂的案件提供法律咨询，其准确率为 90%，而人类的准确率只有 70%。所以，如果你是学法律的，赶快转行吧。在未来，律师将减少 90%，只有那些专业律师才能生存下来。沃森计算机已经开始帮助人们诊断癌症，其准确率是人类的 4 倍。"

一些人认为，到 2030 年，计算机将能与人类智能竞争。目前我们已经证明：人脸识别软件优于人类的能力，可被用于生物特征识别，帮助人们在脸书（Facebook）之类的应用程序中搜索人。事实上，它已经推翻了专业相学家。

0.2　3D 打印

3D 打印使打印一切成为可能——小到只有几纳米的物品，大到房屋，都可以。这种技术在产品生产的演变中发挥着重要作用。

"10 年内，基本款 3D 打印机的价格已经从 18000 美元降为 400 美元。

与此同时，它们的速度提高了 100 倍。主要的鞋类制造商全都开始打印鞋子。

"机场的各种备件都是用 3D 打印机打印出来的。太空空间站有一台 3D 打印机，它不像以前的 3D 打印机那样需要用很多备件。到 2017 年年底，新型智能手机就可以进行 3D 数字化打印，这样你就有可能将你的脚数字化，在家里打印出非常合脚的鞋子。

"中国已经用 3D 打印技术打印出一栋完整的 6 层楼建筑。到 2027 年，所有生产出来的产品中将有 10% 的产品是由 3D 打印机生产的。"

0.3 平台经济和"服务化"

平台经济的诞生已是既成事实。遗憾的是，理论家们一直明目张胆地无视这一经济的存在。这种新经济的特点是：从以占有为导向的经济走向以"服务化"为特征的新经济。我们将在本书中描述这一现象。这种平台经济比共享经济更普遍。

"优步（Uber）只是一个软件工具。它虽然没有一辆汽车，却已成为全球知名的出租车公司。爱彼迎（Airbnb）目前是全球著名的连锁酒店，但它没有任何设施。"

目 录

序　社会5.0揭幕
前言　社会5.0是场重大社会变革
导语　社会5.0概述

第1章　社会5.0的逻辑与构建 / 001

　　1.1　社会5.0的起源 / 002
　　1.2　历史沿革 / 005
　　1.3　生化电子或信息物理系统 / 006
　　1.4　日本竞争力委员会 / 007
　　1.5　历史经验 / 007
　　1.6　社会5.0的决策变量 / 008
　　1.7　第一次革命的贡献 / 016
　　1.8　人类2.0与社会5.0 / 016
　　1.9　社会5.0的新角色：回归生物？/ 017
　　1.10　增长的部门与滞后的部门 / 018
　　1.11　社会5.0的元素 / 018

第2章　从社会5.0到其相关政策 / 021

　　2.1　政治在企业中的作用 / 022
　　2.2　国家政策的实施 / 024
　　2.3　壁垒的概念 / 025
　　2.4　新政治态度 / 028
　　2.5　政府的作用 / 032

第3章　处于社会5.0核心的工业4.0 / 035

　　3.1　社会5.0中的商业 / 037

3.2 企业：一个通用理论 / 040

3.3 未来工厂的决定因素 / 048

3.4 不同类型的未来工厂 / 051

3.5 未来工厂的监管状况 / 053

3.6 有关未来工厂的主要问题 / 053

3.7 与未来工厂相关的变化 / 057

3.8 未来工厂的日常管理 / 058

3.9 增材制造技术 / 059

3.10 以纺织业为例 / 059

第 4 章 城市与流动性 3.0 / 063

4.1 研究 / 064

4.2 智能车辆与道路基础设施之间的联系 / 067

第 5 章 信息技术 2.0——社会 5.0 的基础 / 073

5.1 对让-保罗·萨特思想的借鉴 / 074

5.2 数字世界中的"萨特"人 / 076

5.3 模式 / 077

5.4 处于环境中的数据 / 078

5.5 数据世界的影响 / 079

5.6 企业的数字转向 / 080

5.7 信息通信技术的基础设施 / 082

5.8 原始技术 / 083

5.9 最新技术 / 085

第 6 章 社会 5.0 与未来的管理 / 089

6.1 管理、市场与企业 / 090

6.2 市场营销 / 090

6.3 逻辑：需要、欲望、期望和需求 / 093

6.4 新型管理技能 / 095

6.5 无聊产生于重复 / 097
6.6 客户满意度 / 097
6.7 抵制消费 / 098
6.8 信息采集 / 098
6.9 客户关系管理：一个重要的工具 / 099
6.10 管理的整体方法 / 099
6.11 黑客的立场 / 101
6.12 一些有助于理解进化的微弱信号 / 108
6.13 世代 / 108
6.14 技能与世代 / 110

第7章 重大创新终结的影响 / 113

7.1 重大创新的终结之我见 / 114
7.2 作为提高技术媒介的营销哲学 / 115
7.3 创新的新形式 / 118
7.4 研究的全球化 / 118
7.5 科学出版物的全球化 / 120
7.6 官僚主义在研究中的作用 / 121
7.7 解决方案：让哲学、诗歌和道德在科学和创新中复位 / 122
7.8 社会5.0中的新兴研究 / 123
7.9 与机遇有关的创新 / 124
7.10 创新的范式 / 125
7.11 设计思维 / 126
7.12 创新的风险 / 129
7.13 托马斯·爱迪生的教训 / 130
7.14 创新的方法 / 131
7.15 创新中的人 / 133
7.16 无聊的各种形式 / 133
7.17 越轨现象和超越现象 / 135
7.18 无聊源于丑陋 / 136

7.19 寻找平衡点 / 137
7.20 作为技术解决方案的设计 / 138
7.21 设计的来源和形式 / 145
7.22 产品或服务创新的其他标准 / 146

第 8 章 社会 5.0 中的创新 / 147

8.1 创新型产品或服务 / 148
8.2 范式的转变 / 151
8.3 混搭的形式 / 152
8.4 "共生"社会 / 153
8.5 信息共享 / 153
8.6 社交网络、互联网与创新 / 154
8.7 协作形式 / 154
8.8 创新的生态系统 / 155
8.9 先前创新组织的演变 / 157
8.10 人力资源的创新 / 158

第 9 章 社会 5.0 中的"共生"社会 / 159

9.1 从假肢人到现在的人的演变 / 160
9.2 无聊与创新的分裂 / 163
9.3 新型创新战略 / 163
9.4 波特的战略模式 / 165
9.5 有用的伙伴关系 / 171
9.6 不同类型的联盟 / 172
9.7 企业的类型学（科特勒的界定）/ 175

第 10 章 本地化、市场、技能和知识的挑战 / 179

10.1 本地化日益失去优势 / 180
10.2 一些不重视本地化的新做法 / 181
10.3 重建的重要性 / 181

10.4 市场份额为何发生变化？怎样发生？/ 181
10.5 技能和知识 / 182
10.6 知识资本的概念 / 182
10.7 营销的变化 / 184
10.8 侵入营销 / 185
10.9 对所获得的知识的利用 / 186
10.10 识别文件中的规则 / 187
10.11 识别规则中的承诺形式 / 188
10.12 规范化的实施 / 188
10.13 组织层面的影响 / 189
10.14 变化对数据的影响 / 191
10.15 程序和流程的变化 / 192
10.16 组织的演变 / 192
10.17 信任带来的挑战 / 193

第 11 章 按需社会 / 197

11.1 无聊对需要、欲望、期望和需求是否有影响？/ 198
11.2 革命 5.0 的产品和服务："服务化" / 201
11.3 "服务化"的概念 / 201
11.4 "服务化"的本质 / 202
11.5 通向"服务生产"之路 / 204
11.6 企业制造服务 / 208
11.7 "服务化"的关键点：可视化和虚拟化 / 209
11.8 近期发展 / 210

第 12 章 社会 5.0 的经济 / 213

12.1 各种新经济 / 215
12.2 互联时代的问题 / 216
12.3 经济的演变 / 217
12.4 与数字工具相关的经济 / 222

12.5 平台的力量 / 223
12.6 平台的局限性 / 229
12.7 免费经济 / 230
12.8 与大公司的斗争 / 231
12.9 数据可视化的概念 / 232
12.10 技术创造新资源 / 233

结束语 我们如何能引导这场革命 / 234

第 1 章

社会 5.0 的逻辑与构建

本书的主题是社会5.0（亦称第五次社会浪潮）及与其相关的一切。

1.1 社会5.0的起源

"社会5.0"这一说法最早于2016年出现在日本，之后便一直在传播，其基本概念也在逐渐形成。日本的科学委员会审核通过了《第五期科学技术基本计划（2016—2020）》，社会5.0是其中一个术语。该规划由日本内阁于2016年1月强制实施。

定义："社会5.0"可以定义为"智能社会"。在这个社会里，物理空间和网络空间紧密结合。社会5.0脱胎于狩猎-采集社会、农耕社会、工业社会和信息社会。社会5.0的关注点虽为人类，但其实质是一种新型社会：在这个社会中，科技创新占突出地位；该社会在确保经济发展的前提下，旨在平衡那些需要解决的社会问题。社会5.0中的很多元素均系借用，但这一做法与衰落论支持者的做法截然相反。

日本用图1-1来介绍、说明社会5.0。

"科技基本计划"是日本政府为促进科技发展而制定的一项综合计划，该计划已被纳入日本的基本法，将在未来10年内实施。其招标方式与欧盟"H2020计划"的招标方式相同。《第五期科学技术基本计划（2016—2020）》是日本综合科学技术创新会议（CSTI）重组后制定的首个计划。日本采取了一系列不同措施，大力支持科学和技术方面的创新政策。该计划旨在成为指导包括政府、大学、产业和公民在内的广泛的利益相关者的模型,以便各方合作,共同建设未来社会。它还旨在助力日本成为"全球最有利于创新的国家"。

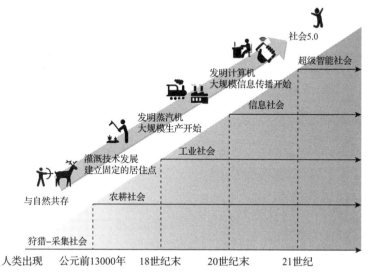

图1-1 日本对社会5.0的定义

这一计划与法国前经济部长阿诺德·蒙特布赫（Arnaud Montebourg）提出的并由其继任者埃马纽埃尔·马克龙（Emmanuel Macron）修改的创新战略的轴心截然不同。欧洲各国普遍确定了工业化轴心，法国也不例外。当时的"生产恢复部"（The Ministry for Productive Recovery）将法国工业政策的优先事项转化为34项工业规划，包括大数据、云计算、连接对象、增强现实（AR）、嵌入式软件和嵌入式系统、非接触式服务、信息化教育、数字医院、网络安全、纳米电子学、机器人技术、超级计算机、食品行业创新、未来的法国高铁（TGV）、汽车全部实现百公里油耗2升、自动驾驶车辆、电动充电终端、电池的自主性和电量、电动飞机和新一代航空器、电力推进的卫星、重载飞艇、生态船、可再生能源、智能电网、水质和稀缺性管理、医疗生物技术、创新医疗设备、电信主权、木材工业、回收和绿色材料、建筑热能改造、绿色化学和生物燃料、技术和智能纺织品、未来的工厂。这些规划旨在协调公共行动者和公司的行动，其对外宣布的目标是支持"法国制造"标签下的未来产品。

马克龙任法国经济部长后，将蒙特布赫制定的工业规划从30项削减到10项。这10项规划有种种预期目标，分成9项具体规划（见表1-1）和1项被称为"未来工业"的特别横向规划。各方均认为该途径优于其他途径。"未来工业"旨在力争通过公司转型、培训员工和大力加强国际合作的方式来发展技术。

表1-1 埃马纽埃尔·马克龙的9项具体规划

规划	内容	目标
新能源	生物资源和回收材料	2020年：将法国化工业中的植物性原材料的数量增加1倍，将非危险性废物的回收率提高50%
可持续发展城市	水、智能电网、热能改造、木材工业	2020年：实现1000亿欧元营业额，创造超过11万个区域化工作岗位
生态流动	百公里油耗2升的汽车、充电站、自动驾驶汽车、能源储存	2016年：建成20000个充电站 2020年：使法国生产的新车的碳排放减少30%
未来交通	法国高铁（TGV）、生态船、电动飞机、电动飞艇和无人机	2020年：出售80架电动飞机，建筑物能源消耗减少50%
未来医疗	数字健康、医疗生物技术、医疗设备	2017：50000名慢性病患者接受医疗远程监控 2025年：重新建立法国在医疗技术方面的贸易平衡，目前其赤字相当于10亿欧元
数据经济	大数据、超级计算机、云计算	2020年：凭借大数据创造并巩固13.7万个工作岗位，掌握超大规模超级计算机的关键技术，使之能够进行每秒10亿次的运算
智能对象	连接对象、机器人技术、增强现实（AR）、非接触式服务、创新型纺织品	2020年：800万个客户使用移动支付方式，部署一个可互操作的票务应用程序，在半数拥有超过20万名居民的城市中使用

(续)

规划	内容	目标
数字信任	网络安全、电信主权、纳米电子学、嵌入式系统、嵌入式软件、电动航天器的推进	2020年：开发覆盖每英里（1英里＝1.61千米）的5G基础设施，网络安全出口市场份额每年增长30%，电动卫星的销售额占全部销售额的一半
智能食品	功能性食品、未来食品包装、持久冷冻和食品安全	2017年：对30%的工业屠宰场进行现代化改造，为该行业招聘90000人

1.2 历史沿革

我们可以通过社会5.0的用途及其包含的社会性主导因素来为社会5.0下定义。

工业革命开始后，对于法国来说，创新接踵而来。

1771年：工业革命开始，机器、工厂和运河出现。

1829年：蒸汽、煤炭、钢铁和火车成为4个主要发展因素。

1875年：在钢铁等的带动下，工业领域的四大新兴明星领域诞生，即电力、化学、土木工程和造船。法国政府对这些领域的工程学学校给予赞助。

1908年：汽车成为水路和铁路运输工具的补充。汽车亟须石油资源，石油化学和大规模生产等互补性产业应运而生。

1971年：信息和通信技术产业哺育了法国多个经济部门，不仅催生了半导体业，更重要的是，开启了软件和应用程序世界的大门。

评论：社会5.0并非由这些创新浪潮所定义，而是由创新对社会的建模方式所定义。社会5.0有几个不同支柱，其中包括工业4.0和网络学。随着城市3.0的出现，社会5.0改变了人们的生活方式。社会5.0用信息和通信技术 2.0 给人类 2.0 做出定义。

本书其余部分将讨论这些主题。

1.3 生化电子或信息物理系统

生化电子（cybernics）是一个跨学科领域，旨在发展技术、产业和社会，为支持、检视人体功能提供帮助。

生化电子包括很多领域，如医疗机器人学、护理学、工程学、医学、信息科学和社会科学等，并且涉及这些领域相关技术的发展和普及。这些技术通常被命名为"信息物理学"。

控制论由诺伯特·维纳（Norbert Wiener）于第二次世界大战时期创立。

定义：控制论（Cybernetics）是一门对信息进行治理或管理的科学，其目标是驱动系统。

生化电子是实施控制论的工具。控制论依靠的是：

- 控制的概念。
- 能量调节。
- 熵的减少。

诺伯特·维纳的方法以反馈这一概念为基础，诠释了通信的循环视野。能量调节对于社会 5.0 的建立是很有必要的。在三阶吉行（Yoshiyuki Sankai）看来，生化电子是一门结合了控制论、机电一体化（其自身便为机械和电子的结合）和计算的前沿科学，其目标是将人类与机器人技术互融。混合辅助肢体（HAL）可以算作这个方面的一个例子。在铃木健二（Kenji Suzuki）看来，我们应该大力提倡这一技术，它可以使人类成为增强人。

1.4 日本竞争力委员会

工业竞争力是一个国家可持续发展的基础。为提高工业竞争力，各国都实施了各种政策，特别是在科技和工业方面的政策。日本竞争力委员（COCN）对日本公共和私人部门的职能加以协调，就日本的工业、大学、政府机构和其他密切相关的组织之间的合作发表公共政策方面的建言。有 38 家企业对此感兴趣，它们分布在不同的工业化国家，目前正努力实施该项目。

1.5 历史经验

表 1-2 总结了历史上不同社会对社会 5.0 的贡献。

表 1-2　历史上不同社会对社会 5.0 的贡献

历史上的不同社会	特点	对社会 5.0 的贡献
社会 1.0 狩猎-采集社会	可持续性的需求	全面利用信息
社会 2.0 农耕社会	包容性	以公民为中心（包括公民在内）
社会 3.0 工业社会	有效性	人人参与（反对分裂）
社会 4.0 信息社会	智能（和知识）的力量	共同价值观：可持续性、包容性、有效性和智能的力量

社会 5.0 的出现表达了一种在寻求前 4 个社会最优化的过程中取得平衡的意愿。

社会 5.0 力争实现可持续性（生态）、广泛的包容性、有效性以及提升那些利用智能（和知识）的力量来发展企业的工业竞争力。

1.6 社会5.0的决策变量

我们需要就社会5.0的决策变量提出如下问题：信息、干扰、身份、异化和行动是其他决策变量吗？

有趣的是，这一提问使我们又回到心理链和无聊这一概念。以下各章将就这些话题进行阐述。

1.6.1 信息起什么作用？

其实，媒体的旗舰产品是信息。这是一种纯粹的产品，很有趣，所以能帮助人们摆脱无聊。"信息得到处理，意义得到阐释"。人类的浪漫和现代视野促使其整合各种集体思维模式，但人们很快便觉得这些思维模式很有限，产生了无聊感。这些思维模式是由媒体和广告一手打造出来的。此外，信息尚未做好消亡的准备，因此导致了信息过载。

在拉德温（Ladwein）看来，信息的部署应考虑两个层面：信息背景和基本知识。记忆、感知和阐释引发推理和判断，推理和判断带来斟酌和选择，斟酌和选择又被转化为行为。我们不应以无聊和"需要—欲望—期望—需求"这一链条为借口排斥这一基本机制。

娜塔莉·玖琳（Nathalie Joulin）等营销专家指出，现代消费者获取的信息更丰富，并且他们的自主性更强，更有经验。新技术、媒体和旅行塑造了他们的思维，这类知识使消费者更加独立。比如我们看到，在健康领域，计算机及相关软件将逐步取代医生。这种信息整合的概念对社会5.0至关重要。但我们要注意的是，将信息整合并使其融入过程和行动这一理念比我们现在所知的人工智能更重要。

此外是对编码—信息和信号—信息的频繁区分。20世纪中期的所谓"信息理论"［香农（Shannon），维纳（Wiener）］在传输端采用了信号-

编码的概念。接下来，人们在这一初始理论之上又叠加了统计理论。使用布尔代数的想法促成了计算主义的概念。事实上，计算主义的概念已超越计算的概念，造成了这样一个事实：编码-信息拥有了替身，即信号。这意味着我们不仅能处理计算，还能处理事件。的确，计算机科学的最新发展正来源于此。一些新的关键词，如物联网（IoT），就这样诞生了。这些对象所调查的事件将引发行动。

定义：计算机科学表达了对信号进行操纵的理论和技术的可能性。这些信号对应数字符号，因此可以进行计算。

定义：计算机是一组由算法管理的信号，带有预先设定的目的。

信息代码一般具有认知内容或意义，这与其所采用的媒体类型无关。有时人们也会使用"认知信息共享"这一术语。信号-信息是一种指示或刺激。在这里，相应的想法可以用一个概念来表示。

信息化方法产生了所谓的经济2.0，这两种类型的信息都是经济2.0所需的。

1.6.2 时间起什么作用？

只有在每件事、每个行动都有时间性的情况下，才会产生真正的无聊。海德格尔（Heidegger）等哲学家区分了"对某事感到无聊"和"在做某事时感到无聊"。人们并非是在某个情景下做出打发时间的行为，而是因为该情景本身就是一种打发时间的手段。警戒状态有这样一个特点：时间的概念同化为瞬间（Kairos），这与时钟时间（Kronos）不同，后者的定义是为某件事专有。另一方面，"瞬间"这个词与危机（Krisis）有关，也就是说，与信息-信号有关。

斯文德森（Svendsen）曾巧妙地指出：人们的时间总是太多，以至于完全注意不到它的消失。在他看来，正是日常生活的时间性造成了人们这种对时间的无所谓的态度，并因此使人们产生无聊感。各种物品离人们越来越近,奇怪的是,它们并无差别。这些物品传递着编码——信息。

商业顾问们说,他们观察到一种人与时间的新型关系,这种关系可以将量化时间转化为质化时间。在他们看来,时间是最强的创新者,时间的流逝使一切都随之发生。消费者在品位、心态和习惯方面都在不断发展。

人们产生了时间加速的印象,即时钟时间的部署加速的印象,这导致有人著书,提出"慢经济"(Slow Economy)这一概念,建议人们放慢生活步伐。

1.6.3 自然起什么作用?

正如让-保罗·德穆勒(Jean-Paul Demoule)所言,农业和畜牧业带来了一种人与自然的新型关系。

"狩猎-采集者感觉自己完全与自然融为一体。他们在杀死动物前,会祈求动物或动物灵魂的许可。

"他们也会借助动物来表达自己的世界观,就像我们在那些用画像装饰的洞穴中所看到的那样。后来人类开始饲养动物,这便意味着这种世界观发生了彻底颠覆,人类似乎从此脱离自然:狩猎-采集者成功地把狼驯化成狗,但这是双赢的,而为获取肉类而驯化动物却并非如此。"[1]

1.6.4 娱乐休闲起什么作用?

娱乐休闲是对抗无聊的手段之一,也是社会5.0中的活动来源。

从历史角度看,这是皇帝身边的弄臣的差事。1620—1642年,马尔斯侯爵(the Marquis de Cinq Mars)充当国王路易十三的弄臣。路易十三难以取悦。当上"骑兵长官"(Grand Squire of France)后,侯爵就不愿意陪伴

---

[1] 法语引文翻译。摘自《世界报》(Le Monde)对让-保罗·德穆勒的采访,2017年10月29日。

整天闷闷不乐的路易十三了。事实上，在发展过程中，娱乐休闲被设定为社会5.0的发展核心。哥本哈根的蒂沃利公园（Tivoli）便是休闲公园建设领域的先驱。

主题公园和旅游景点的概念体现了社会5.0时代人们对娱乐休闲的追求。这一概念把众多性质、规模迥异的企业和场所汇集在一起。

- 动物公园，如野生动物园，在动物园之后出现。
- 休闲公园是个封闭起来的区域，专门用于游玩和娱乐。其关键元素之一是明确展示商业目的。与休闲中心相比，这些公园在户外休闲方面的定位较低。
- 水上乐园的运营成本与休闲型运动游泳池的成本接近。
- 游乐区与休闲中心或旅游景点相关。
- 文化或教育公园是指利用景点开发其博物馆技术（机器人、火车等）的场所，它以教学为目的。现代博物馆技术越来越多地融入了游戏和娱乐技术，因此这类公园与生态博物馆很相似。

法国为其公众提供了300多个公园，不过其中一些是小型公园和季节性公园。巴黎的迪士尼乐园、格雷万蜡像馆（Grévin）和"观测未来"（Futuroscope）主题公园吸引了大量游客。法国所拥有的公园的数目大大超过了其他欧洲国家，这可能将法国与其他国家区分开来，并成为法国更快进入社会5.0的一个指标。英国有89个公园，德国有36个，西班牙有27个。

无聊与思考有关，而所有的思考都容易使我们与现实世界拉开距离。另一方面，娱乐休闲会扰乱思考。不过，为何人们会感到无聊这个问题并非是在工作中或空闲时间产生的。一个人可能在工作中感到无聊，也可能在闲暇（通常也被比作空闲时间）时感到无聊。与生活的苦难相比，娱乐休闲似乎看起来更可取，它让我们暂时看起来是幸福的。期望利用娱乐休闲来逃避无聊就如同在试图逃避现实。因此，每一种快乐带来的不过是短暂的满足，这种满足随着新需求的出现而化为乌有。按照娜塔莉·玖琳的说法，个人可能会对"劳动"时间和"休闲"时间加以区分。

换言之，社会5.0的特征之一是发展娱乐休闲经济。这种经济是一个真正的产业。

1.6.5 身份起什么作用？

当今世界表现为政治正确、平稳、有礼（在道德意义上）。因此，无论是人还是机器，只有伤疤和失败才能赋予"身体"以个性。可是，伤疤令人疼痛。这一点深深地刻在我们的思想上，就像胎记刻在我们身上一样。

人类学为市场营销带来一个强有力的概念。消费不仅是实用的，消费就是生产，这意味着它同时显示了个人身份和社会归属。身份的这一概念对社会5.0至关重要。人和机器都是通过其身份来区分的，身份的要素之一便是地址。

定义：地址或身份是一个特征或一组特征，其功能是帮助寻找信息（尤其是在记忆中）、识别收件人或对某个人、某样物品进行定位。

身份的这一概念把我们带回到了全球化和规则等概念上。

1.6.5.1 全球化与地方

地方产品越来越时尚。高哈（Cora）和英特（Intermarché）这类超市一直都在供应来自法国的村庄、州和地区的土特产，就连一些商品高度集中的商铺也如此。赌场提供700多家企业五花八门的产品，它们都参考了手工艺品或地方产品。

对地方产品进行定义的难度在于不能将这个概念仅仅局限于食品，因为就食品而言，消费者追求的是新鲜度、质量及保健功能。目前，小圈

(Small Circuit)的概念很受重视。销售点的位置也是一个重要的变量。比如，要想在鲁贝（Roubaix）吃到当地产的杏子并不是件容易的事。地方产品可以传达一种积极的形象和快乐的情绪，还可能会传播到原产地以外的地方。其中一个关键因素是地理位置。豆焖肉（Cassoulet，一道经典的法国菜）是卡斯特尔诺达里（Castelnaudary）的特产，到了萨尔特（Sarthe）就名不见经传了。我们应该将地方产品与区域产品加以区分，前者供应一两个商店，后者则可以满足10个甚至更多商店的需求。当地的供应情况可以用公里数来衡量。"智能区域"概念中也出现了这一观点。

"智能区域"（Smartregion）的定义体现了S.M.A.R.T这些目标，可以将其总结为具体的（specific）、可测量的（measurable）、可获得的（accessible）、现实的（realistic）和暂时的（temporal）目标。第二个特点（可测量的）指的是对应的距离：大部分用的是通勤时间，而不是路程（公里）。这些距离被归入一个统一的距离矩阵，以便人们能够进一步分析并对设备政策做出定义。

地方的影响反映了与自然共存的重要性，这一点我们在社会1.0和社会2.0中已经遇到过。

1.6.5.2 全球化、大众化与个性化

作为一个世界性进程，全球化力求为每个人生产相同的产品，而社会5.0的特点则是通过识别个人的身份和/或地址，使产品适应个人。娜塔莉·玖琳提出了这一假设：全球性产品正变得越来越个性化。我们甚至见证了区域概念的发展，与客户的接触点也成倍增加。娜塔莉·玖琳提到"运营创新"，其中包含新型分销渠道和"广告创新"。在身份层面上，这更多是在对消费者的无聊做出回应，而非提出真正的产品创新。

社会5.0有这样一个特点：与之前的工业化进程——如带来单一大规模生产的工业革命——保持距离。

1.6.5.3 全球化与标准

标准是身份的基本要素之一,也是对这个正在创立的新型社会的一个要求。

标准有时会使用一个协议,比如一个电话号码或一个互联网地址。这些协议有时是限制性的,譬如地址。欧洲商品编码(European Article Numbering,EAN)是按照 EAN 国际规范在商业和工业中使用的一种条形码,它将代码与产品联系起来。其他产品也遵循这样的规定:国际标准书号(International Standard Book Number,ISBN)是一种独特的条形码,用于识别已出版的书籍;有些销售商也有自己的代码,比如亚马逊标准识别码(Amazon Standard Identification Number,ASIN)便是亚马逊所销售产品的标识符。就书籍来说,ASIN、EAN 和 ISBN 都是一样的,但对于其他产品,这种对应关系不一定成立。

就身份而言,我们主要还是在编码—信息领域。

1.6.6 异化起什么作用?

无聊的人总是有这样一种意识:自己被囚禁在某种处境中,或者干脆被囚禁在世界所处的某种处境中。我们可以把这种被禁锢的感觉描述为"异化"。异化发生的前提是人们知道是什么异化了自己,因此它不可能是一种理想状态。谈起异化,我们有必要明确提到另一个因素:异化的对象。这个因素可能已消失,也可能依然附着在人身上。

在贝特朗·维吉利(Bertrand Vergely)看来,异化的特点是感觉自己很陌生,觉得自己不再是那个真正的自己——尽管并未失去构成自己日常存在的那些东西。

斯文德森认为,无聊会使人丧失人性,而这本身就是一种异化的形式。它让人的生活丧失意义,而我们之所以这样生活着,正是因为有意义。人的存在可能就在于他存在于世界之中，即主体和客体之间的对立，换言之，人和周围环境之间的对立。斯文德森断言：当我们感觉无聊时，我们体验到的是"现实不复存在或不复存在这一现实"。当今，有些医疗专家利用这一论点来对抗医疗技术的出现。

那些反对社会5.0的人经常提起异化，尤其是技术异化，主要是因为前一种社会仍然对他们有利。

1.6.7 行动起什么作用？

行动问题对于社会5.0很重要，因为力量的来源不再是对信息的占有，而是行动的能力。正因如此，从无聊的消费者过渡到行动的消费者至关重要。

帕斯卡尔（Pascal）在其最早作品《思考》（*Thoughts*）中，表现出了对无聊的兴趣。他写道：

"对人来说，再没什么比彻底休息、毫无激情、没有生意、没有消遣、不去学习更让人难以忍受的了。这样他就会感受到自己的虚无、自己的孤寂、自己的不足、自己的依赖性、自己的软弱、自己的空虚。他的内心深处会立即升起疲惫、忧郁、悲伤、烦躁、苦恼、绝望。"

阿尔弗雷德·德·维尼（Alfred de Vigny）认为，摆脱无聊的另一个良方是行动，而行动源于准备就绪。1839年，阿尔方斯·德·拉马丁（Alphonse de Lamartine）在法国众议院做了一次著名演说，认为"法国很无聊"，因此法国人要有一种意志，让自己行动起来。

阿兰·卡耶（Alain Caillé）对迪迪埃·毛斯（Didier Mauss）的行动理论很感兴趣。该理论建构在4种动机（由两对对立动机组成）的基础上。第一对对立动机是：行动者追求其个人利益（以自我为中心），寻求个人的荣耀、认可，并最终去取悦他人。这些都是个人自由，但如果没有伙伴做对照、没有他人做对照，这些都不复存在。某青年新买了一双运动鞋，鞋底是透明的，或者会发光，但只有在其他青年羡慕他的情况下，买这双鞋才有意义。我们自然就可以推出：他必须迅速找到另一种模式，以便重启这一过程。

卡耶和毛斯这样描述了第二对对立动机：每个行动都带有强制性特征，这与法规和社会规则有关。这些法规与自发性、快乐相对立，因此也便与某种程度的自由相对立。

在社会5.0中，行动成为幸福、快乐和自由的来源。

1.7 第一次革命的贡献

让-保罗·德穆勒曾指出，农业和畜牧业的出现是人类的一场空前革命。这一时期的一些专门化经验可以帮助我们理解社会5.0的实现方式。

人类放弃了狩猎与采集，开始能掌控一定数量的动植物。这代表了农业和育种的发明。农业革命使人类定居成为可能，这与社会5.0中正在发生的变化类似。农业革命影响了人类的流动性和居住地，这种影响也会在社会5.0中出现。农业革命还造成了人口的繁荣。让-保罗·德穆勒指出，狩猎-采集者平均每三四年生一个孩子，而农妇则每年生一个孩子，即使有些孩子夭折。在让-保罗·德穆勒看来，接下来要发生的革命也会产生同样的后果。在社会5.0的背景下，一个重要的问题就是人口增长给人类带来的巨大影响。

1.8 人类2.0与社会5.0

2005年，工程师雷蒙德·库兹韦尔（Raymond Kurzweil）出版了《奇点临近》（*The Singularity Is Near*）一书。他在这本书中声称：40年后、也就是2045年，人工智能将战胜人类。他将其命名为"技术奇点"。

按照库兹韦尔的说法，联网的超级计算机及其软件将越来越"聪明"，并最终在所有领域胜过人类。这可能标志着人类2.0的到来。

定义：在社会科学中，奇点是美国科幻小说家在20世纪50年代从数学中借用的一个概念。它指的是一种前所未有的、不可逆转的全球变异。

人类2.0将以人与机器的融合为特色。为此，库兹韦尔建议逐步推进其发展，这将结合社会5.0的科学和技术：遗传学的研究成果、纳米技术的普及以及自动化和机器人技术的使用。按照库兹韦尔的说法，这个过程将以一种隐蔽的、合乎逻辑的方式开始：用于治疗疾病的细胞疗法、植入用于分析和生物跟踪的电子芯片、体内引入修复用纳米机器人（特别是在血流中）以及连接智能矫形器和假肢，并由此进入"生物人向非生物人缓慢但不可阻挡地发展"的阶段。在库兹韦尔看来，其实在奇点发生变化之前，"改进的人类"就已存在。库兹韦尔甚至提出了人类永生的假设。有了这些变化，人类的寿命可能会远超目前平均水平。本书将分析这些技术的优势和劣势。

1.9 社会5.0的新角色：回归生物？

社会5.0恢复了古代社会与自然共存的准则，因此它的特点是"回归生物"，即回归有机蔬菜、回归生物医学、回归可生物降解塑料等。这种对生物的回归并非生态学说，而是社会5.0特有的，具有重大经济效应。

此处的"生物"也指生物多样性。这个概念非常广泛。生物多样性致力于维护生物世界在各个层面的多样性，包括环境（生态系统）的多样性、物种的多样性、同一物种内的遗传多样性，还包括人类和动物行为的多样性。

1.10 增长的部门与滞后的部门

社会 5.0 的活力部分源于经济。

定义：进入成本（CoE）是一个术语，用于描述一个品牌或公司进入一个新市场的成本。它与实体投资和营销（广告、分销）投资有关。

两类经济形式正在引领互联网的发展：

- 传统工业经济的迁移。特别是 3D 打印等技术的出现，使得降低技术进入门槛成为可能；迁移伴随着工业竞争力的巨大提升。
- 一种社会经济、团结经济。它与"共生"社会有关，正逐渐将非商业企业转化为商业企业。此处我们指的是市场营销的入场券。我们将在后面讨论"共生"社会的概念。

1.11 社会 5.0 的元素

适应性、敏捷性、流动性和反应性是社会 5.0 生活中的关键词，这就意味着突变、变化和进化将是我们每天都可以观察到的常态。这些关键词也反映在基础设施、知识和技能上。

适应性、敏捷性和反应性至关重要。我们需要执行工业 4.0，在生产中使用那些消耗资源较少的增长性技术。下一章将专门讨论这种新型工业。流动性对交通和家庭造成多种影响，这二者正变得越来越"流动"、越来越"智能"。

社会 5.0 是一个崭新的"新世界"。在这个世界中，交流很重要。这一理念对经济交流提出疑问。

西方国家盛行的是商品交流，因此其运输手段的性能必定有利于全球化。然而，在社会 5.0 中，占主导地位的是思想和知识。法国，正如其

"文化例外"所表现的那样,在货物出口减少、服务出口增加的时期,出口思想和知识已经成为财富的来源。

与其说创造公司价值是指对自然资源的开发和改造,不如说它是指对基础设施(包括运输和电信网络)的使用,以及对知识和技能的使用。

基础设施、知识和技能是需要加以管理的关键资源,它们能创造出有利于公司发展的竞争优势,因而人们对此也提出了一些问题:

- 如何知道机构需要哪些类型的基础设施、知识和技能?
- 为了管理,应该采用哪些管理工具?
- 应该采取哪些不同类型的管理结构和企业结构?
- 机构将不得不面对哪些挑战?
- 基础设施、知识和技能的管理如何改变集体行动?

本书力争解答这些问题。

第 2 章

从社会 5.0 到其相关政策

2.1 政治在企业中的作用

信息的冲击、加上数据的使用使得社会5.0不仅给当前政策带来变化，还利用它所能嵌入的技术来实现这些变化。事实上，社会5.0正在修改政治行动的操作方式。

这种类型的社会可能与力争实现工业4.0的政治意愿有关，而这一意愿可能是数字技术与物理学和生物学的极限相融合的产物。

2.1.1 三个层面：战略、战术和操作

"战略"和"战术"这两个词经常被误用，为了更好地理解它们，特设此节。

对"战略"一词的理解上的困难源于这样一个事实：在研发和产品、市场和技术的演变方面，各企业的规则和决策是不同的。

此外，战略指的是企业自身的活动。传统的管理将战略与战术分开，还将这二者与操作层面分开，如图2-1所示。最早引入这些概念的是军队。

图2-1 三个层面

定义：战略是对要实现的目标和目的的定义。它定义了企业的中长期抉择。这些通常被称为战略业务单元（Business Strategic Units，BSU）。

定义：战术是指对实现这些目标的手段的定义。正是出于这一点，很多作者提到的是企业层面，而非战术层面。军队中的将军只执行战术，并为确定战略提供信息。

定义：操作层面指的是企业开展行动，了解要实现的手段和目标、目的。

2.1.2 政治与文化

政治与文化位于"战略—战术—操作"的上面。在这三个层面之上，有一个政治和文化框架，如图2-2所示。鉴于此，我们通常把管理方法分为四个主要阶段。

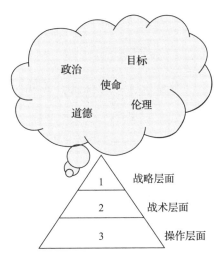

图2-2 政治与文化云图

从某种意义上说，这张政治与文化云图可以视作企业的身份证。尽管这个框架还比较模糊，但它毕竟是存在的，它对企业可能做出的各种行动进行了限定。因此，企业的战略必须在这个领域之内。

2.1.3 不同层面的组织的功能和任务

不同层面的组织的功能和任务见表 2-1。

表 2-1 不同层面的组织的功能和任务

阶段	功能	任务
政治与文化	—	观察 分析
战略	指导	组织 协调 控制 "重大抉择" 规划
战术	供应 财政、人力投资	—
操作	生产 商业	—

营销和销售功能是一个概念、一种视野，其理念与先前的体系相反，所以，这四个阶段它全部经历。

2.2 国家政策的实施

关于国家政策实施的问题，有各种相互冲突的不同论调。

支持新技术的人认为，它们标志着工业 4.0 的到来，因而社会 5.0 的出现是不可避免的。尼古拉·布祖（Nicolas Bouzou）和吕克·费希（Luc Ferry）是持该论调的法国人的代表。其他一些人，如前面我们引用过的库兹韦尔，甚至走得更远。对于这些作者来说，描述社会 5.0 的曙光就足够了。

其他一些作者，如埃里克·布林约尔松（Erik Brynjolfsson）和安德鲁·麦卡菲（Andrex McAfee），认为这场革命产生了不平等和价值动荡，特别是在工作方面。这些变化加剧了不平等现象。他们当中有些人认为政府会适应这种情况。约翰·米克勒斯维特（John Micklethwait）和安德里亚·伍尔德里奇（Adrian Wooldridege）认为，这种适应将不得不面对民粹主义的陷阱、代议制的危机以及对公共机关的效率和表现的探索。他们的著作名为《第五次革命：重塑国家的全球竞赛》（The Fifth Revolution: the World Race to Reinvent the State）。他们对此很有信心，因为先进国家总能找到新型政府形式，以适应技术变革。

还有些不同见解，它们似乎也很重要：

- 政府将不得不接受公民的愿望，并摧毁那些阻碍他们实现这些愿望的壁垒。
- 财政赤字、过时的社会制度和精英与普通大众之间的距离都导致现有国家形式表现不佳。因此，法国有必要重新建立尊重个人权利、以议会制度的价值观为基础的有效力的国家。此外，国际企业的预算有时高于国家企业的预算，这也是困难产生的一个根源。
- 国家的臃肿并非问题所在。我们必须把国家问题和公共领域问题区分开来，并对公共服务的真正任务做出定义，这些任务可能并非由国家保障，而是由协会、公民、财团甚至私人公司来保障的。这是一个解构公共管理和公务员地位这些壁垒的问题，其目的并非是要消除这些规则，而是要让其适应社会 5.0（我们将在后面研究不同类型的壁垒）。

国际企业本身不太可能成为典范，考虑到这一点，各国必须亲自做出榜样。

2.3 壁垒的概念

壁垒是社会 5.0 发展过程中的一个基本组成部分。

定义：壁垒是指那些凭借其职能或权力阻碍社会 5.0 发展的人群或个人。

2.3.1 不同类型的壁垒

当务之急是打破这些壁垒，以促进这一新兴社会形式的发展。社会 5.0 的理论家们提到了六类壁垒：

- 政府及其机构壁垒。
- 法制壁垒。
- 技术创新壁垒。
- 人力资源壁垒。
- 获取成本壁垒。
- 社会接受壁垒。

第一个壁垒的解决方案可以是要求政治家制定规划并将其转化为法律，这必定会对第二个壁垒（法制壁垒）产生影响。

政府可以邀请立法系统专门发布促进创新的法律，借此来打破法制壁垒。还要防止颁布一些保护某产业部门或禁止创新的法律。很多国家的法律中都有预防原则，这就是一个典型的要被剔除的法律。在种种法制壁垒中，有一种壁垒极其突出：对特别的、专业的事物加以限制的壁垒。

教育使得打破技术壁垒成为可能，其思路是：用必要的基本技术概念来培训一群特定年龄段的人。我们可以视其为一项教育改革，它能帮助整合这种类型的知识，还能建立一个评估模式，用于评估学习上的进展。

通过引导全体公民做出创建新社会的承诺，可以消除人力资源壁垒。方法之一是实行税收激励政策，其他方法还有贴标签、竞赛或奖励。

获取成本壁垒是主要的壁垒之一，我们不应将其与社会接受壁垒相混淆。

社会接受壁垒最为复杂,其目标是确保新社会所有体系都被接受。为此,政府有必要实施设计和人类工程学的方法,还有必要让公民参与产品和服务的设计。

2.3.2 "邻避效应"壁垒

除了上述壁垒,社会 5.0 发展中还存在其他壁垒,比如 NIMBY 壁垒,又称"邻避效应"问题。

定义:NIMBY 是 Not In My Backyard(别在我家后院)的英文缩写。这个词一般用于指一群人反对某个可以带来普遍利益的地方项目,认为这个项目有潜在危害,或者对已实施项目的周边居民不利。

人人都想享受高铁的便捷,但都不希望它建在自家附近。这类项目可以写满整整一本书。NIMBY 最常见的影响是延迟项目的上马,而社会 5.0 的特点是需要敏捷性。在法国,尽管政治家们有生态意愿,但架设风力发电机组平均需要 6 年时间。正因如此,当前法国各大城市的市长都希望实施电动汽车方案,但却都希望在其他地方进行电力生产。

2.3.3 个人与专业人士之间的壁垒

法制壁垒非常重要,在许多国家,它反映了法制上的变化,尤其是从消费者权利到商业法这一过渡。即便是在发达国家,关于这两层权利的规定也不一样,有时甚至相反。

我们以公寓租赁为例。法国有一个叫"120 天"的门槛。根据 2014 年 3 月 24 四日颁布的 ALUR 法(该法令规范了房屋租赁和城建革新),如果一个人的主要住所的租赁时间少于 120 天,则无须走任何程序。但也有例外,如职业义务、不可抗力和健康原因。如果房产的功能在 120 天后发生变化,房主必须在市议会进行申报。这一程序已经在巴黎、波尔多和尼斯强制执行,检查员正在查验住房租赁广告。在巴黎、里昂、马赛、尼斯和斯特拉斯堡，如果房产功能转向专业领域，这种变更需要获得授权。在巴黎，如果购买房产是为了将其变成居住场所，那么这一规定就伴随着补偿义务。总体而言，法律禁止将社会住房或受援助的私人住房对外租赁——尽管大家都知道，在海滨城市，这类住房整个夏天都在出租，租客向受益人支付年租金。

巴塞罗那市意欲对违反西班牙法律的双重欺诈行为进行打击。这种骗局指的是通过传统商业交易方式长期租用公寓，然后通过爱彼迎（Airbnb）、阿布里特尔（Abritel）的"家在远方"（Home Away）等平台短租给游客。巴塞罗那市议会决定遏制这个加泰罗尼亚自治区首府的大规模旅游效应，力争打击这种双重欺诈行为。2017年年初，在旅游旺季到来之前，该市已查处3000多套非法旅游公寓，其中包括300多套转租公寓。在比利时的佛兰德斯，虽然有地区性法律，但据《比利时时报》（*De Tijd*）估计，85%的住房租赁广告并未遵守这些地区性法律。法律规定，在网上出租房屋的房东必须要在市议会登记其房产，并在出租广告上印上该标识符。

2.4 新政治态度

新政治态度已经在一些国家出现：否决政治和超级民主制。这些新政治态度和种种壁垒一样，阻碍了发展。

2.4.1 否决政治

弗朗西斯·福山（Francis Fukuyama）出版了很多关于国家状况和企业衰落的书籍，特别以涉及美国的为主。但他的书也谈到与此相关的经济发展。因此，我们可以断言：这位作者为我们思考新工业社会的可能性提供了一个工具。

福山认为，政治衰败是政府机构的"再世袭化"的结果。这一现象最早发生在 20 世纪下半叶的美国。从历史角度看，它可能在其他时期也出现过，如法国的旧体制（Ancien Regime）时期。

我们可以通过下面这些指标来识别"再世袭化"：

- 公共服务内部的赞助。
- 政治庇护主义（部门补贴、有针对性的税收减免、各种关税壁垒）。
- 体制内的庇护（为当权者的亲属和朋友分配工作机会）。
- 由于缺乏更一致的公民代表权，导致出现一个独特的解决方案：永久性公民抗议。这可能通过一些组织实现，也可能是公民直接走上街头。

历史学家及哲学家马塞尔·格歇（Marcel Gauchet）认为，永久性公民抗议是"再世袭化"最显著的指标。

"再世袭化"的现象存在几个后果：

- 多余的机构和职位的设置扩大了官僚体系。
- 将公共服务变成低效活动，有时甚至由私人团体举办，极其吊诡。
- 政治生活，特别是政治决策被有组织、有资金的利益集团所掌控，而且往往不够透明。
- 司法对立法职能，甚至是行政工作进行干预。
- 立法者制定的立法文本有时和一些自相矛盾的指令混淆，使得政府无法行使职能。

定义：当一种政治制度赋予大量行动者有效的否决权时，否决政治就会出现。

这些行动者一般都被牵涉利益冲突，这阻碍了所有公共行动或社会创新形式。在很多方面，否决政治都与社会 5.0 的存在相矛盾。当下有越来越多的声音在捍卫一种与否决政治有关的思想，而这种思想反对的正是"共生"社会这一概念。这一运动倡议公民应能坚决反对他们选出的政治代表所做的某个决定。有些人甚至建议在立法程序中加入全民公投，这可以对民选政府所做的各种决策提出异议。在马塞尔·格歇看来，代议制民主、参与式民主和平等民主都是一些危险的思想，它们会导致权力不断受阻、瘫痪。

其实不应将"共生"社会（与经济有关）与政治决策相混淆，后者是一些与政治家和训练有素的行政公务员相关的行动。

在马塞尔·格歇看来，"在参与要求的背后，是当选代表有效代表民众意愿的能力受到挑战这一事实"。他补充说："每一次参与经历都会引向相同的结论：这种参与并不那么明显。"

世上之所以存在糟糕的政府，并非因为没有参与式民主，而是因为民众缺乏自主权。这导致公共服务受到严格、僵化的规则的支配，而它本应：

- 与政府的政治指令相互作用。
- 对决策和战略的制定做出贡献。
- 实施有效的手段，即拥有良好战术。
- 听取这个"共生"社会中的经济领域行动者的意见，以便尽可能地发挥职能。

在这一点上应该指出的是：公务员自己制定的那些规则不仅泛滥成灾，而且其性质也导致无法完全将其应用。这就造成行政部门任意行使权力的局面。如此一来，每个行动者都可以决定哪些规则适用于谁。而行政部门若想进行有效行动，则必须：

- 独立于政治权力。
- 依照其自身决策产生的后果接受评价。

显而易见，后者在经济领域产生了影响。

为提高行政效率，法国需要建立一个能够正确培训行政人员的高等教育体系。1794 年，法国革命政府成立了巴黎高等师范学校（École Normale Supérieure）和巴黎综合理工大学（École Polytechnique），目标是培养合格的公务员。第二次世界大战后，法国国立行政学院（École Nationale d'Administration）沿袭了这一动向。德国的施泰因-哈登堡改革（Stein-Hardenberg，1807 年）、英国的诺斯科特-杜威廉改革（Northcote-Trevelyan，1854 年）以及美国的彭德尔顿法案（Pendleton Act，1883 年）均系同类举措，强调进行恰当的行政管理，反对庇护。

这种行政举措可以使私人行动者得到妥善安排。因此，在寻求工业竞争力的过程中，我们应该将这个因素纳入考虑范围。

2.4.2　超级民主

"超级民主"是多米尼克·施纳佩尔（Dominique Schnapper）在她的《论法的民主精神》（L'Esprit Démocratique des Lois）一书中提出的术语。这位研究民主动态的专家想要分析的问题是：个人的要求或由个人组成的群体的要求能达到何种程度？换言之，国家和个人的极限在何处碰撞？她对民主制度中出现的各种矛盾和各类紧张关系，很感兴趣，包括"腐败"的风险。她将目前的法国定性为患有"民主不适"，尽管透明度更高、人民拥有更多自由、道德更宽容、社会在经济方面也比以前更富有，但这种不适依然存在。不过，透明度是工厂 4.0 的基础之一，这一点将在后面叙述。该作者首先考虑的一个解决办法是预料可能出现的问题，因为所有观察家都知道，法律总滞后于现实。为说明这一点，她引用了很多例子。

当前民主制国家面临的困难似乎是：个人总想通过掩盖"共同利益"来满足其物质利益。个人主义会不会是民主制解体的一个原因？该作者对共和信念在政治思想和重大项目中的消失感到遗憾。民主化的问题可能源于这种寻求便捷和急功近利的文化。这种社会学观点认为，个人已经取代了公民。消费社会正在取代政治群体。

多米尼克·施纳佩尔提出的第二点是"无限的诱惑"。这种诱惑应该与社会 5.0 经常提倡的自由经济相关。

虽然人类受到各种生物上的和物理上的限制，但技术和科学的进步似乎逐渐引入了这样一个观点：将来有可能消除各类界限。

公民们似乎拒绝各种规则、法律和社会规章。他们向那些负责执行这些规章制度的人发起挑战。为此，多米尼克·施纳佩尔提出了"超级民主"或"激进民主"的概念。

定义：可以将"超级民主"形容为民主社会的进化，它消除了与年龄、经验、能力和机构权重有关的权威这一概念。

这种民主形式的特点是坚持社会 5.0 的概念和"共生"社会的理念。对权威的质疑似乎正在民主社会中蔓延。我认为，我们应该终止这种质疑。民主是脆弱的，要想发挥民主作用，我们必须进行学习。各类机构和企业应该既强大又灵活。符合社会 5.0 特点的最恰当说法是"敏捷性"。

2.5 政府的作用

国家在社会 5.0 中的作用是多维的。首先，国家致力于保护民族工业，但有时这会产生意想不到的曲折情况，造成误解。

2.5.1 保护民族工业

为寻找新客户，世界充满了竞争。各国往往力求保护本国竞争者。

为说明这一点，美国人经常提起中国。他们尤其要提阿里巴巴的在线商务网站，它的交易量比易趣（eBay）和亚马逊（Amazon）网站还要多。在中国，微信用户已达 10 亿个。

欧洲曾希望出现一家能与谷歌竞争的对手,但未成功。

有时,国家对民族工业的保护会适得其反,因为这些被保护的是旧产业,新产业则遭到抵制。

2.5.2 政府规定的限制

一些国家提倡将某些功能限制在使用这些技术的特定数字竞争者和企业中。这些行动者会就这些话题及时沟通。

比如,美国的网络服务很了不起,有脸书(Facebook)、谷歌(Google)、照片墙(Instagram)和推特(Twitter)等大企业,但它们因为不合乎有些国家的法律,在这些国家被屏蔽或封锁。

苹果公司已经从其应用程序中删除了不合规的虚拟专用网络(VPN),因为这些解决方案能使其用户规避管控。

在有些国家,国内持不同政见者的邮箱会受到攻击。

为遵守欧洲大多数国家的规定,脸书已在欧洲删除其搜索引擎。其他一些国家的脸书版本也存在同样情况。

只有在国家希望通过"软化"不可避免的演变来遏制这些破坏带来的冲击时,这些限制才有意义。

2.5.3 公共订单的问题

公共订单的分配减少了竞争。在这种情况下,国家扮演的是市场仲裁者的角色。企业的成败更多的是靠政府的干预以及企业充分利用这些干预的能力,而不是靠企业要实施的竞争战略。此外,出口竞争受到市场规律的强烈影响。

2.5.4 新型文化政策

文化政策正遭受社会5.0各项技术的冲击,并因此参与到了与这种新型社会有关的变革当中。但文化政策同时也是我们所讲的娱乐业的核心。

让我们举几个例子。

南非的"优加"(Yoza)项目很有趣,因为它包含了一些启示。该项目最初被称为"m4Lit"(手机扫盲),旨在让更多的人阅读。该项目需要人们使用手机。同时,该项目也涉及一些课程,但这些课程是在"共生"社会这一背景下设置的。这种使用手机应用程序的方式吸引了很多用户,从而加速了内容更新,还让其用户牢记这样一个事实:他们的手机永远是联网的。用户知道自己想要什么,以及如何表达其需求。用户可以发表评论,还可以投票,现有的网络因成为传播这些信息的载体而获益。评价体系使用户知道哪些"文本"是最受欢迎的。尽管对于某个特定用户来说,该项目的作用会随着时间的推移而下降,但总有一些忠实的粉丝喜欢表达自己,当然也有很多用户喜欢保持沉默。那么问题就在于如何"重新启动"这个应用。这个例子也揭示了知识社会的重要性。知识经济催生了一些对社会5.0非常有用的技能。

图瓦雷克部族(Tuareg)用手机交换音乐。这种交换通过蓝牙在人与人之间进行。也有其他一些交换是通过网络进行的。技术和应用之间的联系极其明显。这也是交换社会或交换经济的另一个例子。

第 3 章

处于社会 5.0 核心的工业 4.0

未来的工厂并非像一些所谓的专家想象的那样,是虚拟的,它还是一个确实存在的工厂,只是会有很多形式。本书旨在描述这种工厂,并对其进行解释。工厂是一家企业,我们需要勾画出它的轮廓。在接下来的章节中,我们将描述工厂的样子,或者说,"工厂"究竟是什么样的,有哪些不同类型。

让我们思考一下这些词的定义。"物种"这一术语来自于拉丁语"species",是一个理论上的概念,是人们用来描述事物的术语,特指一种"类型"或"外观"。工厂的外观目前正在发生变化,冒黑烟的大烟囱正在慢慢从我们的视野中消失。相反,我们经常看到的是有硕大窗格的电信间,这与其内部安装的设备很匹配。现在的数据中心没有窗户,看起来反而更像碉堡。

定义:物种指在形状和构成上都很相似的一群个体。

根据生命科学的定义,物种的每一个代表都是有生命的,并能自我繁殖。对于未来的工厂来说,还有什么能比这更好呢?"类型"代表物种的不同变体,当然前提是有一个标准。

让我们暂时遵循一下柏拉图的逻辑。这位古希腊哲学家认为,我们见过马和牛,但从未见过这两种动物的杂交品种,因此某处一定存在着一种理想的形式,它对某种动物做出限定,让它成为马或成为牛。我们目前正在描述的这些理想的工厂,显然就是那些"马"和"牛"。我们将展示各种各样的形式,预测未来不同类型的工厂。我们将特别关注标准在多大程度上是必要的。

3.1 社会5.0中的商业

本节专门讨论商业，它需要发展，需要向工业4.0靠拢。为此，我们将首先分析工业的衰退，正是这一衰退激励工业向4.0飞跃。

3.1.1 近期工业衰退史

公共政策部门承认，近期欧洲和美国的工业衰退落后于预定计划。在此激励下，一些欧洲国家开始制定有关工业4.0或未来工业的规划。法国的工业衰退并非近期才出现。20世纪90年代，法国的制造业产量出现急剧下降，从1990年第一季度到1993年第四季度下降了12.5%。同样的情形也发生在欧洲的其他国家。英国的工业衰退开始得更早，但德国的工业衰退则相对不明显。

1990—1993年，发达国家的经济陷入衰退。遗憾的是，货币政策的紧缩致使这一衰退在许多国家被放大，并带来了一些负面因素。由于利率高得惊人，这些国家的家庭和企业不得不把减轻债务视作当务之急，建筑部门也减少了生产。这对工业造成重大冲击，加重了工业的衰退。

尽管这一时期已经结束，但英国、意大利和西班牙等国货币的连续贬值致使其他一些国家（如法国）失去了竞争力，并危及其大部分产业，尤其是消费品，如纺织、皮革、鞋类和家用电器。相反，在欧洲的一些国家，Inditex集团等企业涌入；在欧洲的另一些国家，蒙德拉贡（Mondragon）合作社在未重新启动工厂的情况下收购了该国一些品牌。在这些国家里，一些产业反而得到重生。

朱佩（Juppé）的财政紧缩政策——包括增加两个点的增值税——使家庭消费减缓下来。

原材料和石油价格的下跌，以及全球需求的增长造成了1997年年初工业产量的回升。诞生于数字产业的"新经济"也导致了制造业产量的增加——主要供应电信设备和计算机设备。此时欧元的价值还不到1美元，德国不得不为其渴望的统一付出高昂的代价。2001年12月31日午夜，当欧元在欧洲正式启用时，其价值为2马克。

3.1.2 政治抉择的影响

最初启用欧元的那段时间，各种政治抉择都以支持家庭需求为目标，特别是消费和房地产方面的需求。其结果是，政治家们对工业及工厂失去了兴趣。

还有其他一些因素造成这种现象：

- 无制造公司或无制造工业是一个非常流行的概念，本文将在后面解释这为何是个错误。
- 新兴国家的崛起。
- 服务活动被大规模地外包给分包商。会计领域便是一个很好的例子。大集团利用银行流水实现会计自动化，并将人工会计活动外包，这在匈牙利和波兰等东欧国家尤为常见。

新经济泡沫的破灭与中国在2001年年底加入世界贸易组织（WTO）同步进行。这二者带来全球化的加速。一些欧洲跨国公司将其生产转移，其他公司则不再生产商品，更愿意从一些新崛起的国家购买这些商品。工业集团也因全球化而失去控制。整个行业都受到了被外国集团收购的影响，甚至（尤其是）在其蓬勃发展的时候。在法国，随着彼施涅公司（Pechiney）在2003年倒闭，铝业也出现了这种情况。

2007年和2008年前后，竞争力的决定因素在社会5.0早期阶段遭到质疑，这影响了所有国家。对工业竞争力的首次反思正是出现在这一时期。

欧洲采取紧缩政策，这导致欧洲各国国内需求下滑，除少数几个部门外，这并未令恢复工业生产变得乐观。10年后，欧洲执行的税收措施也并不利于期望中的工业重启。随之而来的是一项名为"供应政策"的新政的出台。从2015年起，欧洲的工业领域启动恢复计划。

3.1.3 皮埃尔·穆索的视角

皮埃尔·穆索（Pierre Musso）在其《工业宗教》（*La Religion Industrielle*）一书中，表现出对工作与商业领域的演变的兴趣。为支持自己的推理，他利用三个意识形态上和技术上的分岔，建立了一个工商业谱系，这三个分岔体现在三个具有象征意义的时期。

对穆索来说，修道院（11—13世纪）提供了解决方法，一直到今天，这些解决方法依然适用（葡萄酒、啤酒和修道院奶酪）。手工制造业（17—18世纪）取代了这一方法，制造出了第一批工具。之后，手工制造业被工厂（19世纪）取代。工厂采用机械技术、装配线和福特制（Fordism），试图以更经济的方式生产商品。接下来是企业（20—21世纪），它由品牌和营销主导，并将部分或全部生产外包。有必要提一下，这一分类法与谈论社会5.0发展时所用的传统分类法不同。

数字革命，即后面要讨论的信息技术2.0，进一步破坏了企业（甚至办公室）所象征的地位。桌面被用来显示计算机主屏，而计算机主屏上能映出桌面，它们成了某种数字孪生。

后面要研究的流动性3.0，也对作为处所的企业产生了质疑。工业4.0是随着"管理革命"、控制论和数字化出现的。它是连接性工具和数字化工具的组合：一部电话、一台计算机和一台3D打印机，都是准时制生产（Just in Time）的虚拟存储场所。稍后，我们将讨论本地化的重要性。

社会5.0可能属于一种新的工业类型，这种工业的标志可能正是没有一个标志性场地，但也可能是生产更贴近消费者。

3.2 企业：一个通用理论

在这一阶段，了解企业的不同目标具有重要意义。同时我们一定不能对现阶段的企业提出批评。

定义：企业主要是一个具有经济职能的体系。企业的首要目的是创造利润，即收入与固定成本和可变成本之间的差额。

$$利润=(价格×数量)-固定成本-(可变成本×数量)$$

这一目标被称为"企业的经济目标"。

固定成本基本上是指需要进行融资的投资。盈利能力是指利润的可持续本质。今天的资金产生明天的利润。重要的是要产生边际利润，这样，才可从该利润推导出采用何种融资手段。

3.2.1 企业管理

总体而言，这一切都与生产有关。管理的定义与企业的定义及其目的有关。

定义：管理是一个来自美国的术语，反映了对人、人的行为和方向的"处理"。

从理论上讲，这个主题是由法约尔（Fayol，见图3-1）和莫雷诺（Moreno）提出的。

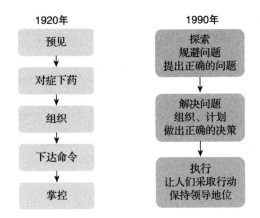

图 3-1　1920 年法约尔做的规划及 1990 年人们对其做的修订

图 3-2 展示了管理的要素。

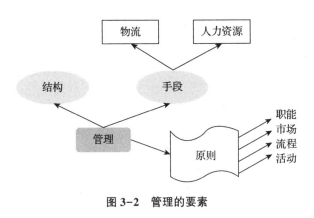

图 3-2　管理的要素

如果没有市场的存在，企业和管理的经济目的就没有意义，即便在社会 5.0 中也是如此。开发那些对消费者来说似乎是免费的产品并不能躲避市场的存在。因此，我们有必要对市场的不同历史阶段进行定义和评估。

3.2.2　市场的定义

市场是供应和需求的交汇点。市场正在经历管理上的变化，其本身也是环境变化的产物。在西欧，大多数学者对这一演变的不同阶段进行了区分，见表 3-1。

表 3-1　按市场状况划分出的不同市场阶段（西欧）

市场状况	阶段	市场特点
泰勒制企业	1945 年前	需求大于供给 生产增加
芙娜丝蒂埃（Fourastié）： 黄金 30 年 市场研究 市场细分	1945—1975 年	黄金 30 年 市场营销
客户意愿 成本与经济状况	1975—1990 年	黑暗的 15 年 金融与管理控制
供给大于需求	1990—2000 年	真正的 10 年 个人管理
可能出现供给>需求 可能获利关于潜在客户的信息	2005 年以来	客户服务 数据（大数据）

这些阶段的划分可能因产品和服务而不同。

3.2.3　生产活动的概念

生产活动与企业有关。对管理进行分析是在探讨如何通过某些组织机制（如市场）来组织生产活动，使之与社会对商品和服务的需求相协调，同时探讨各种变化和缺陷如何影响效率。企业追求的是效率。

每个经济体都必须明确自己想要生产什么终端产品，生产多少。要解决这个问题，有以下几种选择：

- 首先，可以遵循传统做出决定（以中世纪为例）。
- 其次，可以由中央规划机构做决定（开放前的一些国家）。
- 最后，可以根据市场做出决定。在这种情况下，成功的关键在于企业对战略活动领域的定义。
- 在社会 5.0 中，决策来源于大量数据。

第三种解决方案出现了产业组织的方法，前两种则没有。因此，我们应该在工业经济的背景下理解市场营销。市场营销已经逐步放弃了对劳动力市场和作为融资模式的银行业的研究，目前关注的是制成品、矿产品、零售、运输和能源生产。我们现在关注的市场变量是价格和生产数量。

产业组织对企业的"标准"结构做出了定义。

3.2.4 企业的基本结构

不同的商业理论家从不同的角度对企业的基本结构进行了定义。只有在信息流或数据交换效率低下的情况下，这些定义才会受到社会5.0的挑战。此外，由于出现信息流和数据交换，企业可能不得不改变其结构。

企业的基本结构是人们在对众多企业进行分析并尝试对其进行分类的结果。

3.2.4.1 等级结构

等级结构（见图3-3）是企业的历史结构。它反映的并非经济逻辑，而是历史逻辑或家族逻辑。

图3-3 等级结构

- 优点：外部对企业运作的干预少，对企业战略的控制少。
- 缺点：权威结构经常被打破。

在社会5.0中，如果信息反馈基于综合报告，那么这种结构就会有效。商业智能仪表盘对制作综合报告帮助极大。

3.2.4.2 职能结构

职能结构（见图3-4）由等级结构发展而来。该结构的基础是职能。

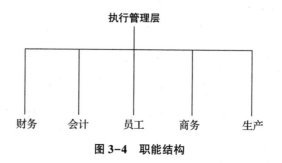

图3-4 职能结构

- 优点：分工明确。
- 缺点：易出现管理问题，生产和商务难以兼顾。

职能结构完全不适合社会5.0。

3.2.4.3 部门结构

部门结构将企业划分为相互联系的单位。这些单位通常被称为"战略单位"（SU）或"战略经营单位"（SBU）。部门结构有两种可能的模式，分别对应按产品和市场划分的企业（见图3-5）。其实，可能还有更复杂的部门结构。

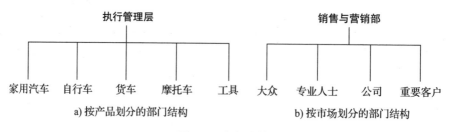

图3-5 部门结构

部门结构与职能结构有相同的优缺点。在社会5.0中，如果以这种方式定义的单位能明确地彼此独立，它们就会很高效。

3.2.5 改进结构的出现

20世纪70年代初,危机初现端倪。为解决这一问题,改进的企业结构出现了。它的特点是混合了两种基本结构,这样可以减少缺陷、提升表现。

3.2.5.1 矩阵结构

矩阵结构(见图3-6)于20世纪70年代被推出。

- 优点:设立中转单位,应对权威关系薄弱的情况。
- 缺点:阻碍权力的接管。

譬如,在20世纪70年代,法国一些了不起的工程学院按年级和教授所在学科组重组了自己的董事机构。

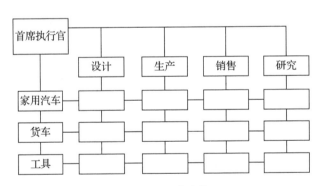

图3-6 矩阵结构

矩阵结构的一个可预见优势是:行/列的内容不会涉及管理层,资源的平衡能自然实现。在实际操作中,这一优势通常无法得到验证。矩阵结构常常被视作弱者或缺乏号召力的领导者采用的结构。

在社会5.0中,矩阵结构在一段时期曾被视为理想的企业结构。只要企业负责人能管理好两个叠加的流程就够了:一个让矩阵结构发挥作用,另一个让企业的管理功能得到优化。

3.2.5.2 "直线参谋"式结构

"直线参谋"式结构是职能结构与等级结构的混合体。

3.2.5.3 网络结构

网络结构又称"结构任务组"。在网络结构中,企业被划分为各种各样的任务组,这样各任务组之间的联系就会尽可能紧密,如图3-7所示。

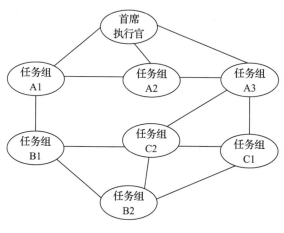

图3-7 网络结构

网络结构是作为社会5.0的理想结构被提出的。在现实中,该结构的实现与企业的网络因素或网络节点的定义以及各种关系的设置等问题有关。之后有些行动者提出了观察构建方法,亦称"自然"法,其中包括一些以全民政治和合弄制为特征的方法,本书将在后面进行讨论。这些都被视作合弄制的管理观点。

3.2.6 利润中心概念的实用性

"利润中心"是指一种服务之间的契约化。资源中心代表了结构中不断亏损的部分,尽管这些部分对于企业的生存是必不可少的(比如培训)。

企业对其全部技术活动进行系统化安排和管理:汇集人力资源和物质

资源，验证这些技术活动所能产生的营业额和利润。

在开发商业的过程中，利润中心的负责人将其专业知识带到了销售队伍中。他为开展这些活动设立了必要的结构，并保障这些活动的质量。他管理的是经营账户，而非资产负债表。这就是我们所说的内部营销。

3.2.7 职能与结构的区别

我们不应混淆职能和结构。职能独立于企业及其规模而存在。结构则由企业决定，并随着时间的推移根据企业的规模发生变化。这时企业就会寻求竞争力，也就是说，企业要依靠灵活性和适应性参与竞争。

对环境、职能和结构而言，重要的是它们的连贯性。这种连贯性使得企业能够生存下去，追求其发展目标。这一点对于社会5.0尤为重要。

3.2.8 环境、战略与结构之间的关系

哈佛商学院教授钱德勒（Chandler）所做的研究工作取得了很多成果，其中之一便是说明了环境、战略与结构之间的关系，如图3-8所示。

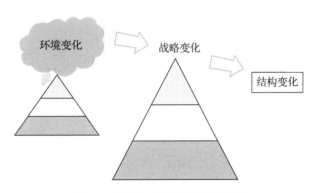

图3-8 环境、战略与结构的关系

这一关系催生出一句格言：结构取决于战略。该观点受到许多学者的批评，特别是那些想要使预算选择合理化的学者。这些学者坚持认为，现实当中的企业结构具有偶然性。该关系所隐含的思想是：环境本质上具有

挑战性，而这实际上引入了卓越绩效评价准则。

因此，钱德勒所描述的关系应该如图 3-9 所示。

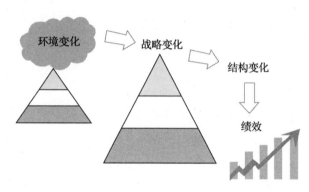

图 3-9　从环境到绩效

3.3　未来工厂的决定因素

未来工厂的决定因素是多方面的。但其中有两点最为重要，即数字化和直接制造。

3.3.1　主要决定因素

四个基本因素构成工业 4.0 的基础。

3.3.1.1　决策分散

信息物理系统能用自己的方式做出决策，这使得决策分散成为可能。这样，与人有关的工具就可以尽可能自主地执行任务。这时就出现了某种决策分散现象。

人类介入修复的案例更多的是一种例外，而非常态。大多数情况下，这是一个来自企业不同执行层面的问题，它涉及干扰、行动、相矛盾的目标和对执行委派任务的限制。比如，销售部门提出的客户优先要求会导致相关部门对产品生产启动时间表进行修改，此时就会产生上述问题。

3.3.1.2 互操作性与自动化

机器、设备、传感器与人的互操作性已经成为全球性事实。工业 4.0 背景下的工厂为连接物理要素和人类要素提供了可能。它们也使通过物联网（IoT）或人联网（Internet of People）相互沟通成为可能。这带来了生产过程的高度自动化。

3.3.1.3 信息透明与虚拟化

当前的信息系统有能力创建一个虚拟版的现实世界。它们用传感器数据来丰富数字工厂模型。之后，我们有必要将这些传感器的原始数据一方面与人类的订单整合起来，另一方面与那些和人、机所处环境有关的、具有更高价值的信息整合起来。然而，当前的信息系统——其理论基础可以追溯到 20 世纪 80 年代——是基于"无语境"的语言，只能尴尬地接受概念的引入。

社会 5.0 以信息交流为基础，因此，信息的透明和共享是这个社会的必然要求。后面我们将会看到，智能汽车与基础设施交换信息，只有如此，智能汽车才能存在。这勉强算个例子吧。

3.3.1.4 技术支持

首先，协助系统有能力真正协助人类，能帮助人类完成生产任务。这个过程需要人类对信息进行汇总、处理和可视化，使其容易理解。技术支持有助于人们"循序渐进"地做出决定，并根据这些信息解决紧急难题。再者，信息物理系统的能力使其有可能在现实中帮助人类。它们执行各种艰难的、令人不适的、累人的、不安全的甚至是危险的任务。这些援助行动的一部分是由机器人执行的。

3.3.2 数字的作用

"数字"有很多变体。数字技术使创建三维计划、进行模拟、使用传感器、享受人工视觉模式、实现在线测试成为可能。最重要的是，数字使人们身处世界各地进行轻松沟通成为可能。此外，它不仅简化了对生产和整个供应链的管理，而且还简化了对客户和与行政部门有关的各类关系的管理。数字化也是模拟和控制工业流程的一个关键点，现在这些流程已经实现了自动化。工厂员工只有三类任务：机器监控、数据采集和质量控制，尽管最后一个任务也已部分实现自动化。

表3-2显示了工业化4.0背景下数字化技术的应用场景和带来的影响。

表3-2 工业4.0背景下数字化技术的应用场景和带来的影响

数字化技术	不同应用场景的不同影响			
	生产自动化	生产性维护	遥控	生产跟踪与记录	投入性消耗的效率（能源、原材料）
互联网的、计算机化的物品和工具 大数据 增强现实（AR）与虚拟现实（VR）、人工智能（AI）、识别算法与分割算法	传感器价格下降，其应用成倍增加 计算和存储能力的蓬勃发展（云）				生产力提高 质量提升 少量定制生产"服务化"得到发展

3.3.3 直接制造

直接制造是未来工厂的一个重要的决定因素，其要素是"3D打印""连续挤压""数控机床""自动装置"和"可编程机器人"。

在社会5.0中，直接制造并非核心概念，但却有决定性意义。增材制造自古以来就有，我们可以通过观察陶工制陶来证实这一点——他们已经习惯于在这个框架内工作。我们需要牢记的重要一点是：要普及直接制造，这样生产就能更接近消费者。

直接制造包括增材制造，但不可将二者混淆。

3.4 不同类型的未来工厂

我们的研究使我们能够确定五类未来工厂：

- 工厂 4.0：集成化物流链，通常指德国模式。
- 关键技术（Key-Technology）型工厂：以高度差异化的工艺为基础。
- 工艺–工业（Craft–Industrial）工厂：将"量身定制"的生产工业化。
- 客户驱动（Client Drive）型工厂：将由客户启动生产过程。
- 低成本（the low Cost）工厂：常采用开源模式运作，多自我构建。

在以下章节中，我们将尽力描述这些工厂的监管决定因素。这种新型产业的一个关键决定因素是：从以产品分析为主导的产业向以客户服务为导向的流程工业转变。下文将进一步讨论不同类型的未来工厂。

3.4.1 工厂 4.0：集成化物流链

定义：工厂作为一个"集成化物流链"运转，在与众多供应商的密切联系中整合不同要素。

工厂 4.0 被称为"德国模式"。我们可以在汽车工业中看到这类工厂。位于法国勒芒的雷诺（Renault）拖拉机厂——现在是克拉斯（Claas）农机公司——便是最著名的例子。雷诺拖拉机厂创建于 20 世纪 70 年代，它使得在同一条装配线上生产各种类型的拖拉机以及军事装备成为可能。

3.4.2 关键技术型工厂：高度差异化的工艺

定义：关键技术型工厂是基于以机器为中心的工艺，同时配备高度差异化的技术建造的。

例如，反应堆叶片的中心元件是通过连续加工一个巨大晶体来生产的。

3.4.3　工艺-工业工厂："量身定制"的生产

定义：工艺-工业工厂使"量身定制"的工业化生产成为可能。

例如，工艺师用全景相机和 3D 打印机代替手工雕刻大理石块来制作婚礼蛋糕顶部的"雕塑"。再如，技师使用 3D 打印机对家用电器的破损部件进行售后维修，而且是直接按照制造商的设计进行的。机器人和计算机数字控制（CNC）机器是这类产业的关键。

3.4.4　客户驱动型工厂：由客户启动生产过程

定义：在客户驱动型工厂，客户参与产品的制造过程。

比如，顾客可以"虚拟"试戴各种眼镜的镜架。顾客为购物车中的眼镜付款这一行为引发了眼镜制造商的生产过程及随后的运输。再比如，想买三件套西装的顾客可以使用个人计算机上的双摄像头为其自动测量尺寸，接着他可以选定西装的面料和颜色。在他为购物车中的商品付款后，这套三件套西装的生产便开始了。顾客在网上配置汽车也属于这种情况。

早在 20 世纪 70 年代，汽车业就想到了这一方法，当时汽车业开始将生产计算机化，正如瑞典的沃尔沃工厂做的那样。后来汽车业陷入停滞，直到近年高端汽车走红，该产业才开始复兴。其中最具决定性的是信息技术所需的投资成本，有了它，汽车业才能从客户需求转向商品生产。20 世纪 90 年代，法国电信（France Telecom）和德国电信（Deutsche Telekom）为建立数字电话网络，就使用这种方法。很多客户驱动型工厂都是"集成化物流链"类型工厂的升级版，但也有例外。

3.4.5　低成本工厂：开源

低成本工厂是在扩大开源模式的过程中产生的。从筹资、规划和发布首批预订单方面看，众筹已经成为市场研究的核心元素。某些网站上的 3D

打印模版既不收版税，又可以进行编辑。这些都被直接引入 InMoove 机器人，用来驱动传感器。也有用于 Arduino 或 Raspberry 的程序。控制传感器的正是这一设备。这种方法的重要性在于：它使创建本地化生产线或自制生产线（我们称其为桌面工厂）成为可能。这种类型的个人制造有两个特点：

- 无设计成本，因此催生免费设计，也催生这种设计的购买需求。
- 更有可能符合潜在用户的期望。

为使生产更接近消费者，大型制造商已经开始重新采用低成本工厂这一模式。

强化复合地板制造商德拉克特（Trakett）便是一个例子。

低成本工厂的自我构建其实是一个小工具概念。事实上，它要么只适用于"从前"的机器，要么适用于那些性能尚未优化的机器。因此，自我构建对工业 4.0 的影响仍然有限。

3.5 未来工厂的监管状况

社会 5.0 中的价值问题很复杂，但实际上这种情况并不新鲜。两个世纪前，亨利·福特曾说："要是我问人们想要什么，他们肯定会说要一匹跑得更快的马。"社会 5.0 的确立带来各种混乱，这是传统方法无法解决的。换言之，增量的方法必定会受到质疑，就像经典的精益化生产曾经历的那样。标准变了，不再是不断改进，而是改头换面，这便导致各种中断，造成了混乱。

3.6 有关未来工厂的主要问题

未来工厂的决定因素是多方面的，可以用表 3-3 中描述的几个问题来概括。未来,我们必须要对所有这些问题进行研究和思考。

表 3-3 未来工厂的决定因素

问 题	说 明
谁是未来工厂的创造者?	当下流行的创业模式只催生了几家工厂,但却产生了一些使用他处打造产品的平台和服务
什么是未来工厂的起源(政治意愿、个人行为等)?	个人行为和诸如娱乐社会这样的大趋势似乎是其驱动力
同谁一道?有哪些资本来源?哪些资本分配?	合作模式正在重生
为了谁?谁是主要受益者?	普遍认同的回答似乎是消费者,但这肯定是错误的
谁来领导?谁来负责?	该问题旨在描述领导者的教育背景和技能
未来工厂的参与者会有哪些不同类型?	这促使我们对一些新兴职业及与其相匹配的技能进行思考
主题、目标以及产品和服务是什么?	未来的工业对某些部门的影响会比其他部门大,比如已经高度计算机化的部门,或者正相反,那些会有巨大飞跃的部门
从物理角度看,未来的工厂会是什么样的?它由什么构成?用什么材料(建筑)?与什么有关?	如前文所示,未来工厂会更接近消费者,因此规模也更小。显然,传统的建筑和不平衡的生产不能反映未来工厂的建筑配置
工业革命中以能源为基础的工厂取代了其他类型的工厂。我们需要对这些工业形式加以描述。这类工厂涉及哪些工具?	这个问题很重要,因为它涉及必须在信息、通信和运输的基础上增加的一些工具
未来工厂何时生效?	这涉及业绩,但业绩本身就很复杂
未来工厂将如何运作?	不停歇的工厂等概念已不再适用
在什么条件下出现?如何出现?	这是涉及制约因素的问题
除数字化和绿色制造之外,还有哪些流程会成为创建未来工厂的核心?	可持续发展的比重必须与降低成本的比重相平衡

(续)

问 题	说 明
哪些程序是正确且必要的?	运营规则的制定肯定要经过谈判,特别是与工会的谈判
需要哪些技术?哪些物资?	不应忽视机床及其分配的问题

我们必须创立一个关于工业经济的新理论。哪些元素可以描述它?这是一场哲学革命,在这场革命中,"资本和劳动"之间的差别将消失,我们需要考虑新的描述词。未来的工厂将建立在这样一个视野之上:根据目标确定宗旨,期待结果——无论是财务还是生产层面。

3.6.1 未来工厂的选址

问题:未来工厂的厂址会设在何处?

几年前,生产主要集中在有能源或有原材料的地方。冶金厂诞生在矿区。后来这些工厂搬到港口附近,以便能就近获取原材料。有些工厂建在离客户比较近的地方;还有些工厂则建在农民劳动力来源附近,其实就是建在农村。"在哪里?从哪里来?建在什么方向?"等问题不容忽视。这些都是关键因素,是工厂今后成功的保障。未来工厂的选址是一个关键点。唯一可以肯定的是,目前的许多地点都将被放弃。

后面我们会专门讨论这些选址问题。

3.6.2 生产周期

问题:何时创建工厂?为何要创建?

这时就要谈谈时钟时间(Kronos)的概念。

对生产周期——传统上称为"季节"——的决定因素进行思考的行为应得到鼓励。生产周期曾经与生产模式联系在一起。有些服装制造商通过放弃两个传统的时尚季节(夏季和冬季)、充分利用销售数据和客户数据,彻底改变了服装的生产和分销。一个生产周期持续多长时间？关键日期、周期和持续时间都是重要元素。在电子领域，每年9月在柏林举行的国际电子消费品展览会（IFA）、11月在拉斯维加斯举行的计算机经销商博览会（Comdex）和4月在汉诺威举行的消费电子、信息及通信博览会（CeBIT）是电子设备生产商的三个关键会面日期。是否有必要指出，这些大型展会没有一个是在法国举行的，而且，亚洲一些地区也正在创办这种超大规模活动？例如，中国香港贸易发展局（HKTDC）每年在香港举行两次香港电子展（包括其外围展），可接待5000多家供应商。

3.6.3 未来工厂的财务

未来工厂也有财务问题，主要涉及融资，见表3-4。

表3-4 未来工厂的融资

问题	说明
成本是多少？	目前一家工厂的标准成本以百万计，而半导体工厂则以几十亿计。降低生产成本是一个不错的提议
什么决定融资来源？	当下初创企业的融资手段并不适合未来工厂，目前出现的问题是：该如何引导融资？
投资如何得到回报？	有必要考虑改造期的折旧年限

我们不应将绩效及其指标放置一旁。不过，如果物料衡算结果和生产成本都降低，要做的就更多了。重要的是要了解未来工厂会如何取代传统工厂：涉及哪些经济部门？为何要这样做？这就是本书其余部分要探讨的问题。

3.6.4 未来工厂的出现条件

未来工厂的到来和先前行动者的退场也对未来工厂的出现条件提出了一些尚不确定的问题，见表3-5。

表 3-5 对未来工厂的出现条件提出的问题

问　题	说　明
未来工厂为何能淘汰更多传统工厂？	未来工厂在波特战略布局中的地位
出现的原因、促进因素、诱发因素、动机是什么？	找到关键点和"换挡锁"
有哪些风险？	风险分析很有必要，但不应因此让项目搁置

不要忘记，一切新兴事物的出现都与先前的情况类似，通常都会面临曲解，都会出现有人对其有信心、有人将其神话化的情况。未来工厂也不例外，肯定会出现各种诋毁者和反对者。

在人力资源方面，人的能力和对人的培训是决定性的因素。

动机、目的、目标、正当理由等这些元素是核心。只有在尊重某些因素、减少某些限制的情况下，预期、愿望、雄心、预测和期望的结果才会出现。我们会尝试对这些做出解释。何种工厂会与某类产品联系在一起？

3.7　与未来工厂相关的变化

从产品到各类服务的过渡是决定性的经济因素。"服务生产""服务化"和"提供服务"成为重要的术语，它们代表了新型的营销方式。如果这些因素已确定，那么我们还不得不解决一个新的问题。

问题：如何确定利润率？该采取何种定价策略？

3.7.1　促进未来工厂出现的行动

促进未来工厂出现的行动可能会有以下两大类：

- "拉动"行动：呼吁表达兴趣（每个部门），或者呼吁开展以工业主题（铸造、假肢、陶瓷等）为灵感的项目。

- "推动"行动：涉及多个方面，包括建立数制工坊实验室、开展针对高中或大学生等年轻人的行动（主题植物苗圃）以及召开专门用于研究节约成本的相关技术（Arduino 微型计算机、传感器、低成本机电一体化）的研讨会。建立技术中心（传感器）和 Fab Add 集群是重要的激励措施。最后，对于与大学团队沟通的问题，政策可以说是成功的保障。

3.7.2 工业革命的概念

未来工厂是否代表着里夫金（Rifkin）所理解的工业革命？

定义：工业革命是一个与能源和通信模式的演变有关的时期。

问题：如果我们使用这个定义，应采取何种道德标准？这种新型工厂可能带来哪些社会层面的紧张关系？

为避免使用"革命"一词，许多行动者（包括政治家）都使用了"转型"一词。这个词在"数字转型"或"生态转型"中出现过。这种方法是有一些"漏洞"的，因为它未能在数字转型和生态转型之间建立联系。

3.8 未来工厂的日常管理

关于未来工厂的管理，有如下问题：

问题：如何对未来工厂进行日常管理？

这个问题涉及各种子问题，包括资源问题。若要理解未来工厂，人与劳动的关系以及人在工厂中的位置都是不可忽视的因素。

工具制造（特别是用于制造其他机器的特定机器）、库存管理或 PoiCo（指挥点）的概念都会随自动化和紧密流动的提升而消失。库存的概念将不断发展，而 PoiCo 的概念可能会被抛在一边，取而代之的是库存量单位

(Stock Keeping Units，SKU)。这就是产品在全球贸易项目编号（Global Trade Item Number，GTIN）中的引用方式。通用产品编码（Universal Product Code，UPC)、欧洲物品编码（European Article Numbering，EAN）或澳大利亚产品编码（Australian Product Number，APN）均为特例。

3.9 增材制造技术

数字控制设备的兴起使得制造技术有了很大的发展。

3.9.1 数控工具

数控工具是更完整、标准化程度更高的系统的前身。如今，这些工具已被广泛应用。

3.9.2 信息物理生产系统的概念

工业4.0这一新范式的核心是信息物理生产系统（Cyber-Physical Production System，CPPS）。信息物理生产系统概念的源起可以追溯到21世纪初，由美国国家科学基金会（National Science Foundation，NSF）对其做出定义。

定义：信息物理生产系统是一个系统。在这个系统中，信息技术和电信元件相融合，对物理实体，特别是工厂进行控制，但也对商品和服务的分配进行控制。

3.10 以纺织业为例

为推出新纺织产品，首先要用计算机来设计图案、制作材料清单。接下来要对每个产品进行编码。然后要按实际尺寸打印出产品的每个部件，并标明其装配所需的各种指令。此时计算机屏幕上会出现一个三维形状。

在这一阶段，管理产品生命周期的过程便开始了。上述便是力克（Lectra）在纺织业的应用。它是一家法国公司，也是这一领域的全球领先者。该公司的信息共享平台确保了规划、创作、开发和采购团队之间的互通。从这一点我们可以了解社会5.0的两个概念的重要性，即信息交换（数据化）和平台的重要性。我们将在后面讨论这两个概念。力克的信息共享平台不仅可以使采集计划可视化，而且可以使其相关的生产过程、时间表上的关键日期、分类计划及其物流层面的状态可视化。它有利于人们在宏观经济和微观经济层面进行优化控制，同时提供降低成本的工具。这揭示了数据可视化的意义，我们也将在后面讨论。有了此类软件，企业可以更好地管理资源（投入）、时间表（日期）和成本。它对于正式确立与外部供应商的关系也很有用。

为使创意尽快增值，该平台为人们的创作提供了专业帮助，从而使这些创意能够迅速转化为畅销的纺织产品。这些解决方案以各种智能流程为基础，这些流程使创意团队能专注于纯粹的创作，并将他们从其他可自动化的、通常不产生增值的工作中解放出来。

该平台的使用有两个不同阶段："纺织品"的选择，以及模型和其替代品的设计。

该平台系统使创建形状、选择印刷、编织网状织物以及管理颜色成为可能。在第一阶段，原型设计及其迭代可验证产品是否符合客户对模型的期望。此外，这种原型设计是使用模拟器进行的，它可以生成一个3D效果图。

纺织品生产阶段开始时，操作者要在选定的织物或绵纸上切割出每个产品的一片片部件。有了该平台系统，操作者就可以选定一种具有优化功能的织物切割方式，尽可能地减少损失。操作者还可以在设计形状、编织网状织物的同时优化纺织品的网状形状。这一过程通常被称为切割计划。

然后，该平台系统要进行计算，以便能一次性切出尽可能多的绵纸。这个数字取决于材料、厚度、重量和所使用的切割工具（锯切、激光切割和压力下的水切割）。织物的切割是根据切割平面进行的。这些裁剪是由被称为"缝纫机器人"的自动化程度不断提升的系统操作的。激光为切割材料提供了多种解决方案和功能，它不仅能切割，还能雕刻、打孔。激光切割作为一种技术，比其他方法更加锐利。法国公司欧米茄系统（Omega Systems）便提供激光切割工具。激光切割过程由计算机管理，这台计算机不仅决定激光的功率和速度，而且还决定其效力。这使得它能够根据所加工的材料以及切割的质量来调整切割深度。由于其设置的准确性，它也可以进行雕刻、自动打孔和打标。这为识别工件或制作扣眼节省了大量的时间。这种切割模式不仅可以避免磨损（烫边），还可以拆除锁边（接下来的工作），这一点我们将在后面讨论。激光可以切割多种材料，而其他技术则做不到这一点。欧米茄系统公司提供了这样一份材料清单：纺织品、泡沫、皮革、聚酯、木皮、软地板、聚碳酸酯、环保织物、复合材料的烘烤耗材、胶合板、气囊、印刷品、薄膜等。这样一来，不仅设计师的创造力提高了10倍，就连过去非常复杂的产品构思也成为可能。水射流切割机技术也非常流行。带有切割角度的3D技术的使用使得在同一叠织物中切割几种尺寸的衣服成为可能。

采用了计算机解决方案后，能重复使用的织物碎片可被回收，用于其他用途，如为未来的客户提供填充物或绵纸采样。在这种裁剪模式下，织片的原始边缘会出现磨损。必要时，智能包缝机会定位织物边缘，用之字形针法对织物边缘进行包缝，留边为1毫米或2毫米。有了激光切割，这一步骤有时甚至没有必要。

织片被送到缝合工那里进行组装。虽然这一阶段通常为手工操作，但缝纫机器人已经开始派上用场。任务分配已被设置好，平台系统也会帮助组织分配，整个过程不浪费任何时间。

一旦织片装配完成，下一步便是质量控制。专门有公司负责标志和品牌的相关工作，并验证标签和条形码。其他员工则处理包装、标价和运输物流。

第 4 章

城市与流动性 3.0

社会 5.0 被界定在城市 3.0 或村庄 3.0 内，与流动性 3.0 并行。我们可以将其定义为"智能"，甚至"更智能"。这些概念很复杂，不一定能代表普通人从这一方法中得出的推断。对其他人，特别是对日本人来说，这些概念已不再是热门话题。城市和流动性是这场"革命"的关键因素。因此，建筑和公共建设产业（即汽车产业）将被打乱。城市 3.0 通常被称为"智能城市"，其实是用词不当。

4.1 研究

其他领域的研究人员可能对其研究的领域并不感兴趣，或者在不了解情况的前提下发表言论，而对城市和流动性的研究却不会出现这些情况。城市与流动性一直是深入的独创性研究的对象。我们的书给出了一些这方面的例子。有些研究行动专注于城市，而有些则专注于车辆。

4.1.1 移动城市

移动城市的概念源于城市对农村的影响。正如弗朗西斯·戈达尔（Francis Godard）在其书中所写："如今在每一个工业化国家，城市人口都比农村人口多。发展中国家的大都市已经并仍在经历垂直增长。拥有城市中心和明确边界的同质化、紧凑的城市已经成为欧洲的历史。城市群、大都市和其他巨型城市正在宣布新兴城市文明的到来。"

弗朗索瓦·阿舍尔（François Ascher）也持相同观点。他是法国的一名城市规划师和社会学家，专门从事大都市现象和城市规划的研究。他发明了"大都市"和"超现代性"这两个词,曾担任动态城市基金会(Institute of the City in Motion)的会长。

通过"超现代性"这一概念,弗朗索瓦·阿舍尔将现代人与大都市的现状及现代人的流动性联系起来。他还对独特个性与多重城市化共存的可能性提出质疑。大都市是指那些紧凑、松散和间断的城市空间。这些空间不断扩大,并且与大都市的现状密不可分。正是这种状态迫使我们不断移动。

动态城市基金会是一个国际组织,在城市流动领域进行研究和开展创新行动。它于2000年6月在标致雪铁龙集团的资助下成立,长期由弗朗索瓦·阿舍尔担任会长。该机构在布宜诺斯艾利斯、巴黎、圣保罗和上海均设有办事处。自2016年1月起,动态城市基金会已成为能源转型组织VEDECOME的成员。这是一个公私合营的研究兼培训机构,致力于自动驾驶汽车和低碳、可持续的个人流动性的研究。

4.1.2 交通-城市项目

交通-城市项目是一个思考未来城市和生活方式的项目。设立该项目的目的是在城市规划与营销、零售与社会学、房地产开发和交通等不同领域之间架起桥梁。它主要关注城市3.0和流动性3.0。这个项目诞生于这样一种愿望:定期将来自不同领域(房地产、交通、贸易、建筑、设计、艺术史等)的城市行动者聚集在一起(他们很少有机会能见面并交流其观点),让他们进行去区域化前瞻性思考。这激发了举办研讨会和建立观察站的想法。

为此,研究人员提出了交通宇宙的概念,其中包括固定数据系统中的个人通勤空间,如基础设施和住房设施。这样一来,对宇宙的观察对于理解城市、流动性3.0和工业4.0在社会5.0中的地位就很有意义。

4.1.3 对智能车辆的研究

对自动驾驶交通工具的探索并非新鲜事。汽车领域近年来尤其受到这一研究的影响。

自动驾驶飞机和飞机电控自动驾驶技术的出现要归功于一个名为"未来驾驶舱"的项目,该项目由亚创公司(Altran)在 20 世 80 年代实施。最近,全电动的"阳光动力"(Solar Impulse)飞机进行了世界巡演。20 世纪 90 年代,亚创公司开发了 TGV 的嵌入式本地网络。

"阿斯克新城-里尔"(Villeneuve-d'Ascq-Lille,VAL)是一个全自动地铁项目,专为城市交通设计,地铁列车在胶轮路轨上行驶,在之后的发展过程中,其首字母缩写 VAL 的意思已转变为"自动轻型驾驶车辆"(Véhicule Automatique Léger)。该项目是全世界此类项目之先。它起源于法国大学实验室和北方工业研究所(Industrial Institute of the North)所做的研究。1971 年 7 月 31 日,罗伯特·加比亚尔(Robert Gabillard)教授申请了关于无人驾驶地铁的自动装置的专利。这一自动胶轮轻轨系统最初由马特拉(Matra)公司建造,现在该公司已被西门公司收购,名为西门子交通(Siemens Mobility)集团。

在汽车领域,1859 年,加斯顿·普兰特(Gaston Planté)发明了铅酸蓄电池。之后,卡米尔·福尔(Camille Faure)又改进了铅酸蓄电池。这些使得电动汽车的发展成为可能。1899 年,在比利时,"La Jamais Contente"成为第一辆时速超过 100 公里的电动汽车。1900 年,电动汽车占到全球汽车的三分之一以上。1925 年,一种无人驾驶的无线电控制汽车在纽约出现,并在 1939 年的纽约国际博览会(New York International Fair)上正式推出。重重石油危机之下,电动汽车再次被推出。1972 年,通用汽车公司(GM)制造了第一辆混合动力汽车——别克云雀(Buick Skylark)。维克多·沃克(Victor Wouk)常被奉为"混合动力汽车教父"。1974 年,先锋-赛百灵(Vanguard-Sebring)公司的城市车(CitiCar)在华盛顿电动汽车研讨会(Washington Electric Vehicle Symposium)上亮相,其类似欧洲的无牌照车辆。

欧洲的普罗米修斯（Promothéus）项目，即"高效率、空前安全的欧洲交通计划"（Program for a European Traffic of Higher Efficiency and Unprecedented Safety），旨在鼓励这一理念的复兴。该项目的宗旨是从车辆和基础设施两个方面改善长途公路交通。参加该项目的主要汽车制造商是梅赛德斯－奔驰（Mercedes-Benz）。中止"交通拥堵"的想法便诞生于此。该项目始于1987年，在20世纪90年代制造了几种原型车，其中一些后来被弃用（如雷诺的原型车），而其他一些则在正常路况下在慕尼黑和哥本哈根之间行驶了一次，比如梅赛德斯－奔驰的原型车。这些项目所提出的主要观点是：

- 司机平均每10公里就要重新对汽车进行控制。
- 安全战略难以实施，特别是在城市群中。
- 交通工具对发动机和电动控制系统的增益。

沃尔沃（Volvo）提出了针对城市低速情况的各类安全系统，包括其2008年推出的自动刹车装置。2009年，谷歌开始测试一辆基于地图学习的自动驾驶汽车。2013年，一些制造商的车型配备了下列功能：自动刹车、防正面相撞、在道路边界线内持续行驶、自动停车、使车辆速度适应交通状况和自动阅读道路标志。2014年，特斯拉公司宣布其电动自动驾驶汽车上市。然后，一辆特斯拉自动驾驶汽车出了交通事故，该新闻成为各大报纸的头条。

4.2 智能车辆与道路基础设施之间的联系

纵观交通史，汽车的进步与基础设施的变化有关。柏油路有利于轮胎行驶，因此鹅卵石路遭到了废弃。

这一关系同样适用于未来车辆。车辆和基础设施之间的联系成为未来汽车进步的一个决定性因素。若要确保这种联系存在，人们就需要进行大量投资，而这些投资必须由国家和基础设施规划者承担，或者将其融入人员和商品运输的相关服务。

新型车辆拥有众多传感器，因此能收集与其车厢和外部环境相关的数据。再者，车辆是互联的。各种形式的互联都为与乘客及基础设施进行新型互动提供了可能。对车辆和基础设施这对组合的思考之所以是即将到来的社会5.0的显著特点，正是由于这个原因。遗憾的是，汽车制造商和汽车供应商未能看清未来的互联汽车，这才产生了问题。除了视角这个问题外，另一个问题便是在对标准进行定义这个方面缺乏协调。表4-1中描述了目前仍未解决的各种问题。

表 4-1 与智能车辆有关的尚未解决的问题

问题	说明
何种技术才能保证无间断互联？	这是新一代移动电话，特别是第五代移动通信技术（5G）发展的挑战之一
如何适应环境？	目前所有的计算机技术都是以无语境语言为基础的。应发明与语境相关的语言，或者用目前的语言来对其进行模拟
有哪些不同功能？与哪些基础设施相关？	这些话题很复杂，和其他技术一样。使用移动电话并非是使用一个移动的老电话那么简单的事
有哪些专门提供给用户的必备应用和功能？	用户很难界定其他需求。可以试试生活实验室的办法。新特色会以使用不当的功能的形式出现
对用户和实地驾驶人来说，价值的来源是什么？	这个问题是市场方法中的基本问题

4.2.1 智能车辆的等级

自动驾驶汽车的发展促使有关当局制定相关标准，根据汽车的自动驾驶级别对其进行分类。现在其实有两个等级体系：美国体系（0~4级）和欧洲体系（0~5级）。欧洲体系（见表4-2）将美国体系的第三级分成两个子级，更为精确。该分类是根据车载计算机支持的主要功能的数量来制定的。

表4-2 自动驾驶等级

等级	功能	说明
0	单人驾驶：完全控制车辆的全部功能（刹车、加速、转向）	汽车加速或越线时，车载计算机可以通过警示信息来提醒司机，还可以利用倒车摄像头显示图像
1	辅助驾驶：车载计算机可以处理速度和/或方向问题，而司机则控制其他功能，并保持对车辆的完全控制	可以根据前面的车辆调整速度
2	监督驾驶：部分自动化，由车辆控制速度和方向，特别是在车库内或车库外停车时	这是由车辆进行的临时驾驶。司机只负责监督操作。但是，司机必须高度集中注意力，并在系统出现故障的情况下收回对车辆的控制。此时，司机的职责是从始至终保持全神贯注
3	有条件的自动驾驶：司机在预先设定好的情况下将驾驶过程完全委托给车辆	车载计算机知晓其局限性，司机必须能够收回对车辆的完全控制
4	特定情况下的无人驾驶：在有限的情形和预定的情况下，车辆能够在没有司机的情况下行驶	两个最常见的例子是：在有特定基础设施的高速公路上行驶；汽车能够在停车位上停车。如有必要，汽车还能接上司机。
5	完全自动驾驶：车载计算机控制车辆所有功能	车载计算机面对的一个最复杂问题是：它必须能够考虑并快速分析仍在驾驶的人类的反应

这些等级针对的是行业现实和已经在运行的车辆。

4.2.2 当前的自动驾驶实例

完全自动驾驶汽车可能永远不会真正出现。欧洲自动驾驶项目（European Autopilot Project）之类的项目打算利用大数据来改进自动驾驶汽车。此外，英特尔公司正在展示如何让自动驾驶汽车在不可预见的事件中进行沟通，特别是在交通瘫痪中或因施工需绕行期间。标致雪铁龙集团正在研究这个问题：2017年7月12日，一辆雪铁龙自动驾驶汽车首次"独自"通过了欧洲最大的高速公路收费站的路障。自动化更高的车辆的发展将涉及道路和车辆之间的实时通信。特斯拉的自动辅助驾驶（Autopilot）系统对应的是二级自动驾驶，而奥迪宣布推出三级自动驾驶系统，可以让司机"睁眼、脱手"。沃尔沃XC90的"交通堵塞"功能就属于这一类。戴姆勒和谷歌合作开发一款自动驾驶电动汽车：没有踏板，也没有方向盘，专为拼车配置。

4.2.3 道路环境的挑战

道路环境必须实现互联。事实上，随着车辆的自动化程度越来越高，保证车辆与基础设施之间能持续通信越来越重要。第五代移动通信技术应该提供两个层级的服务：一个用于服务车辆内的乘客，另一个用于物体之间的互联。当司机将自己从驾驶功能中解放出来后，他也就和其他人一样，成了车内的乘客。

交通工具的使用场景也将发生变化。公共交通用户无须自己拥有一部汽车。他们可以用智能手机呼叫车辆；车辆会到达乘客所在的地方，并将乘客送达目的地。用户只需为行驶的距离、车辆的质量和花费的时间付费。通勤时间可以产生效益，司机可以赚钱，让自己开心，也可以了解其开车所经之处，而这些信息既可以用于营销（比如，一家餐馆），也可用于文化宣传（参观纪念碑）。由于驾照和自驾的出现，车辆已经从依靠司机驾驶阶段进入了民主化时代。我们的孩子将永远不需要驾照。他们将不再购买汽车，也不用再考虑停车的事情。政府将不得不重新制定城市停车政策。

所有这一切不仅会改变城市，也会改变农村。我们将不再需要车辆，也不需要停车场。我们需要的是交通基础设施。

4.2.4 智能人居环境

对智能人居环境进行的研究不胜枚举。表4-3介绍了主要的智能人居环境类型。

表4-3 在弗朗索瓦·贝郎格（François Bellanger）研究的启发下对流动性3.0所做的各类分析

名称	分类	说明
灾难中的城市	可持续发展与城市	思考自然灾害可能造成的后果：如何审视这些后果？如何设计城市及其建筑？如何管理城市流动性？
规模	产品和服务的分配	贸易发展的分析与展望
虚构城市	城市与城市区域	关于虚构在城市意象构建中的作用
居住地	居住地	对居住地、生活方式演变的分析与展望
下一个城市（未来城市）	城市与城市区域	关于城市历史的资源中心
下一个工厂	工业4.0	关于劳动世界及其方法和空间的演变的观察站
交通	流动性3.0（游牧生活）	社会营销观察室，评估流动性对人们的生活方式的影响，以及对新产品、服务的创造

第 5 章

信息技术 2.0——社会 5.0 的基础

数字化转型这一概念有很多不同形式，涉及人类生活的方方面面。瓦斯特曼（Wasterman，2011）、施托尔特曼（Stolterman）和佛斯（Fors，2004）都曾出书立说，探讨这些话题。对数字人（Digital Men）的存在所造成的影响进行分析是有必要的。同时，我们也必须意识到，信息技术是社会5.0的基础，它引发了以更多自由、更多控制和社区的重要性为特征的三重现象的出现。

5.1 对让-保罗·萨特思想的借鉴

早在数字时代到来之前，哲学家让-保罗·萨特（Jean-Paul Sartre）就曾描述过当下的情况。

"其中一种便是自由，但情况不同，自由的表现也不同。在所有捍卫自由的哲学家看来，可以预先问这样一个问题：你所体验的自由与何种特定处境相关？在行动、社会和政治事业或艺术创造方面感受到的自由是一回事，在理解和发现之类的行为中感受的自由又是另外一回事。"

存在主义的重要贡献之一是阐明了人类自由的原则，这也是萨特思想的一个特点。萨特否定实际处境之外会产生自由。为证明这一点，他将处所和时期都纳入思考范畴。人们都不想放弃自由。人的存在本身会促使其努力逃避任何一种形式的限制。因此我们便能理解，在数字世界中，对自由的追寻以及边界、障碍、界限的消失是多么重要。数字世界的公民如此孜孜不倦地寻找信息，以至于到了这样一种地步：他们在世界的另一端，在服务器上寻到信息。人们可以利用这些工具进行交流，即使社会不允许他们这样做。

萨特宣称"人是注定要受自由之苦的"，自由并非建立在自由之上。

在其著名的《存在与虚无》中的一个章节中，萨特阐述了为何人并非天生享有自由："但如果自由建立在自由之上，其结果就一定是自由会反作用于自由的存在，产生自由。在对自由进行自由选择前，就存在自由的可能和不自由的可能。不过，既然要先有自由，才能对自由进行选择（从根本上说，就是选择我们已经拥有的东西），我们就可能会再次陷入无限循环，因为可能再一次要先拥有一种自由，才能选择它，以此类推。事实上，我们有选择的自由，但并未选择自由：人是注定要受自由之苦的。"

对于人类社会的分析，萨特极其具有决断力。他对人类自由的条件或处境感兴趣。这是由一组代表空间情况、时间情况和社会情况（群体所包含的东西）的相对数据决定的。于是，我们就能理解智能手机的重要性了。对于智能手机而言，本地化数据很重要，可以用其进行手机的一般性使用，还可用来实现社交网络（如脸书）的特定功能。这些社交网络使我们能够置身于群体之中，并通过使用评论功能，使我们置身于某个活动的时间演变之中。

尽管人类可以被定位，但这并非一种限制。事实上，这正是萨特思想的重要内容之一："我们将用'处境'一词来表示自由在世界的全部存在之中的偶然性。之所以有这个基准点，只是为了不限制自由。只有自由所选择的结果才能昭示自由。"

因此，在萨特看来，世上任何事物都既非障碍，亦非辅助；既非承诺，亦非威胁。这种视角应该与分析优势、劣势、威胁和机会的方法联系起来。颇值得玩味的是，商业顾问或战略审计师都从劣势开始，以机会结束，这其中引入的某些动力都与萨特的思想相悖。

萨特对阻力大谈特谈，对便利条件却三缄其口，而提供便利正是人类制造的各类工具的特点。建立5.0社会的目标之一便是将重点更多地放在便利条件而非阻力之上。

"这样我们就能瞥见自由的悖论：只有在处境中才有自由，处境只有在自由中才出现。人的实在会四处遭遇阻力和障碍，这些阻力和障碍并非是人的实在造成的，但它们只有在人的实在做出的自由选择中才有意义。"

处境其实就是数字参与者力图通过各类平台和应用来捕捉的一个不同数据的综合体。它其实就是这些东西：我、我的身体、我的处所、我周围的一切、我的过去、我未来的愿望、我的财产等。

5.2　数字世界中的"萨特"人

"萨特"人是由各种不同的需求所定义的。有些需求是内在的，体现为优势，但也可能体现为劣势，如自我了解、自我认知；有些需求则体现为劣势和机会，比如对他人和外部世界的了解。数字技术使我们能够响应对这些知识的需求，前提是我们知道如何使用数字世界的各种工具。让我们再引用孙武说过的一句话："知己知彼，百战不殆。"

数字人，英文又为 homo numericus，是一个人，但他并不能代表数字世界的方方面面。正如萨特教导我们的，数字人受到某种处境的限制。

数字人会自发地聚集在数字社区，这体现了萨特所说的处境中的一个元素。但要想描述这个处境，还需要很多元素，这里并未给齐。我们还需要进行研究，以便理解其他更多的元素。

表5-1对数字世界中的人的处境进行了 SWOT 分析。

表 5-1 对数字世界中的人的处境进行的 SWOT 分析

优势	劣势	威胁	机会
获得信息更轻松的技术教育和培训	信息超载（心理效应） 信息肥胖症 界限消失，民族国家①影响力下降 花费在媒体上的时间太多	出于宣传目的进行的信息操纵 对私人生活不尊重 现实世界与虚拟世界之间的差异造成的失望 某些类型财产的终结 限制信息与知识的对立	对各类新世界敞开 数字技术对农业、卫生等部门的深远影响 令公民教育更轻松 超大规模制造物品的可能性 旧世界的终结

数字技术使我们无论在虚拟世界还是在现实世界都能保持互联状态。数字技术对革命，特别是突尼斯和埃及等国的革命的影响非常耐人寻味。在这些国家，数字技术帮助人们拆除了由独裁者设立的交流壁垒。

5.3 模式

模式这一概念是建设社会 5.0 的基本点之一。数据的收集、存储和研究有很多困难。一个模式由与某个个体或个人相关的几个数据组成。从数学角度来讲，模式可以用矢量来代表。

在这里，作为有意义的数据的模式既提供知识，也是技能的来源。模式可以是识别数据，它们使得在时间、空间或同时在时空中进行定位成为可能。模式还可以是模拟或计算数据。正因为如此，在对社会 5.0 中的数据进行分析时，我们会觉得将这三种类型的数据分开是件很有意思的事。

---

① 民族国家是指欧洲近代以来，通过资产阶级革命或民族独立运动建立起来的，以一个或几个民族为国民主体的国家。——译者注

最后，社会5.0创造了一种新的数据形式：命令。除了能控制社会5.0的元素（包括机器）外，这种形式一无用处。模式的这一概念比前面描述的编码——信息和信号——信息的概念层次更高。不过，这两种类型的信息却使建立模式成为可能。

5.4 处于环境中的数据

如前所述，社会5.0中的处境与背景紧密相关，这对数据的类型产生影响。

5.4.1 数据的来源

在一些国家，约有20%的人因使用智能手机导致自己的所有活动都受到监视。这要归功于他们下载的应用程序和营销软件。如果考虑到网络上传输的基本数据，这个数字会达到80%。

当你在饭店就餐时，就有人通过你的智能手机、信用卡或会员卡了解到你在此用餐。该机构会把这条信息卖给想进一步了解你的商业公司。这些公司用这种方式对你的行为进行仔细审查，之后，还会用包括算法和相关的数据存储手段（大数据）在内的模式对其进行分析。除此以外，地理定位数据也要算入其中。

Teemo公司（前身为Databerries）便是一个通过利用合作伙伴（如家乐福、Leaderprice、Leclerc、Monoprix等）、媒体（如 L'Équipe、Le Figaro等）或大品牌（大众汽车等）的商业应用程序采取行动的典型公司。这些公司与Teemo达成协议，在Teemo的要求下插入特定代码行小方块。还有个概念是软件开发工具包（SDK），又称"devkit"，即用于构建应用程序的构件和软件的工具包。这些工具的最高发展形式被称为"软件图书馆"。一个在你不知情的情况下安装的代码可以控制你的智能手机的系统。隐藏在应用程序背后的公司可以随意监视你的行动,然后将收集到的数据卖给承包人和其他人,目的是用这些信息获利。这些代码被称为"片段",它们可以在不控制智能手机或便携式计算机的情况下,将用户的个人信息发送到网络上。

5.4.2 数据使用方面的规定

1995 年由欧盟委员会起草的 46 号指令是欧盟首部关于个人数据的法规,它对于信息社会至关重要。我们不可避免地会提出这个问题,因为现在我们依然有必要知道如何保护自己。在即将采取的行动中,我们首先可以提到的便是删除已处理的数据、对行为数据进行匿名化处理或身份的假名化。归根结底,这些做法都是将认证和识别分开。2018 年,欧盟颁布了新法规《通用数据保护条例》。

为确保用户个人信息受到保护,我们还可以利用受信任的第三方,就像 Label IFDéNUM 的参与者所做的那样。利用受信任的第三方意味着在处理一个强大的认证系统的同时,减少密码的数量。

5.5 数据世界的影响

我们大多按照两种思维模式来分析数字世界的影响,迄今为止这两种模式已经成为经典,但它们之后还会变得更高效,因为它们往往会融合在一起。

第一种模式来自瓦斯特曼(2011)。这种模式提出重点关注三个轴,见表 5-2。

表 5-2 数字化的三个轴

轴	影响
时间	网络消除延误,减少运输需求

(续)

轴	影响
空间	技术，尤其是移动技术使无所不在成为可能，这是之前人们未曾预料到的
多元化	网络去除了到场和听众的限制

第二个模式取代了数字化，它不仅指某些流程，还指整个生产活动。这种分割的人为因素比较强。该模式指的是表5-3中的三种转变。

表 5-3 数字化的三种转变

转变	影响
自动化	使业绩，即商品和服务的个性化生产能力得到提升，提高了生产力，有利于更好的用户体验（见下文）
去物质化	一些有别于传统物质渠道的关系渠道出现。其主要影响是生产的边际成本和交易成本的减少
中介	中介模式被修改，这不仅改变了价值链（见下文），也改变了企业

一些研究人员迄今依然在广泛使用这些模式。

其实，业界已经开发出一个更有前景的模式：鼓励创建工厂的数字替身，以优化生产过程。该数字替身的建设将采用下文描述的一些工具。

5.6 企业的数字转向

下面介绍一些案例。

5.6.1 遭遇数字转向失败的企业

有些大公司错过了其数字转向机会。我们在引言中引用的柯达公司便是如此。还一些公司在数字转向失败后，收购了其他公司。这在银行业尤为明显,一些银行收购了金融业的新手公司。

5.6.2 数字转向较早的企业

与上述企业相反的是,有些公司很早就开启了数字转向。1977年,任天堂(Nintendo)推出一款可以在彩色电视上运行的游戏机,尽管在20世纪70年代初,彩电刚刚面世,每十户家庭仅有一户拥有彩电。该集团创建于1887年,1949—2002年由集团创办人的曾孙山内溥(Hiroshi Yamauchi)担任社长。这位企业家的成功似乎要归功于这样一件事:他解雇了其父任命的一批高管,从此开启在任天堂的掌门生涯。他很快对任天堂的产品做了两大改革:从纸板卡片转向塑化卡片以及首次授权出版迪士尼小雕像。生产游戏机的想法诞生于1975年,在一个小玩意儿——一只扔弹珠的手——获得成功之后。1972年,在《乒乓球》(Pong)的街机终端问世后,雅达利公司(Atari)及其游戏机也开始崭露头角。山内溥决定将其游戏机定位在节俭式创新的模式上。1977年6月,Color TV Game 6成功上市。1989年,任天堂成功推出Gameboy,这款袖珍游戏机售出1.18亿台,其更具便携性。山内溥的继任者在2006年推出Wii游戏机,在其中加入了运动检测器。雅达利公司和任天堂后来的命运完全不同。

5.6.3 在信息通信技术(ICT)1.0受阻的企业

超市属于这种受阻的企业之一。20世纪80年代,超市将其收银系统计算机化,但现在它落后了。有个可行的办法是收购公司。法国的老佛爷百货集团(Galeries Lafayette Group)就是这样做的。它希望从乐都特集团(La Redoute)的转型中得到启发,宣布收购该公司51%的资本。它的想法是通过创建一个领先的全渠道商业集团来加速其数字化转型,改造这些商店。2014年,乐都特曾在濒临灭亡时被其两位高管以象征性的1欧元价格收购。娜塔莉·巴拉(Nathalie Balla)和埃里克·科特里(Eric Courteille)

将这个老牌邮购公司扭转为电商企业。

乐都特集团采用了所有的现代技术：

- 机器人化，从而革新其物流，减少订单准备和交付时间。
- 移动电子商务，以便与时俱进。
- 自动化，以确保优质的销售和管理，尤其是物流管理。
- 虚拟现实（VR），用来吸引消费者。
- 大数据，用来打造个性化客户体验。

除此以外，乐都特集团还革新了在纺织业推出产品系列的方式。它不再每年开发 2 个或 4 个系列，而是阔步向前，每年开发 10 个系列。它还扩展到其他销售领域，如家居装饰。濒临破产的乐都特摇身一变，成了法国十大电子交易商之一，每月有 900 万名访客，2016 年的营业额为 7.5 亿欧元。

在信息通信技术 1.0 受阻的企业中，我们可以提一提铁路和航空运输业的行动者。多亏有了电子系统，他们的业务才得以继续开展。这种电子系统的基础依然是由关系型数据库支持的电子预订。

5.7 信息通信技术的基础设施

我们可以根据以下情况对信息通信技术的基础设施进行评估：

- 与网络地理相关的不同规模。
- 不同的服务水平。这涉及使用方面。
- 使用的协议和实施方面的应用。这些是技术方面的问题。

为了对网络进行分类，我们可以对这些基础设施采取一种功能性的、定性的和定量的研究方法。

5.8 原始技术

原始技术仍然是社会 5.0 的核心。文本分析就是其中之一。

5.8.1 文本分析

要记住，第一批机器是用来破译敌国情报的。由此可见，最早设想的在计算机上使用的一个应用便是自动文本分析。这一应用先于第一批计算机和后来成为管理工具的计算机的开发。

在文本解码之后，有两个领域受到特别关注：文件分析；当然，还有机器翻译。事实证明，机器翻译这个任务比最初设想的要困难得多。

很快，机器就能解密信息，这导致"军方"推迟引入其他安全要素，这些要素目前已成为社会 5.0 的"累赘"。

翻译系统碰上了语言的无限复杂性（内容的歧义、意译的影响、多义性现象等）。现在，翻译系统有两种：

- 利用字典和翻译规则的传统方法。该方法被用于一些优秀的软件中，如 SYSTRAN。
- 受搜索引擎启发得到的方法，即采用统计模型。该方法在做上下文翻译时力图在大量文本中识别出一些模式（谷歌翻译采用的便是此类方法）。

网络的发展本身与数据存储的可能性和计算机的处理能力的指数级增长有关，这使得对各种方法和技术进行审查成为可能。机器翻译只是其中的一个例子。因此，网络的发展完全改变了管理问题的方式，正是这种解决问题方法的改变让我们理解了与社会 5.0 相关的一个转变。

对于研究者来说，这也是另一种分析语言的方式。随着社会认知动态分析的出现，时间的动态性被纳入考虑范围，所指和意义的概念也就过时了。对网络写作（如博客）进行一段时期的分析，使我们有可能理解各种讨论内容，并将参与者归入不同类型或不同社区。一个重要的事实是，这些可观察的内容不仅能提供数据，还能提供知识，因为我们可以从这些数据之间的联系进行推断。此外，社会 5.0 的机器的特点是，它在发现知识的同时还处理数据。网络领域出现的知识必须要拿到现实中来，尽管机器可以有效地获得一些关联，但它们不能证明这些关联存在因果关系。

5.8.2 语音识别

语音识别是当前智能手机的基本应用之一，也是一项广泛用于物流、卫生等行业的技术。

5.8.3 作为一种包容性技术的手机

这项其实很古老的技术在使用中包含了一些旧的技术手段，但对社会 5.0 产生了意想不到的影响。

劳伦斯·阿拉德（Laurence Allard）与人合著的书中随处可见这种各类技术环环相扣的例子。手机不仅是人们的聚会场所，也是那本书的作者都不敢称之为"技术的聚会"的地方。罗杰·奥丁（Roger Odin）对手机和电影院的交会进行了出色的分析。没有这种交会，"整个电影就是空谈"。他恰如其分地指出，手机对电影技术几乎没有任何改变，但它极大地影响了叙事。它实现了与观众的互动，为影片增加了一个成分。伯努瓦·拉布尔代特（Benoît Labourdette）坚持认为，手机与其他技术的一个主要区别与观众有关，手机扩大了观众群体。如果说以前看《超级 8》（*Super 8*）这部电影仅限于家庭这一小群体，那么从 2005 年前后开始，手机就通过各种平台向全世界播放电影作品。在上一章中，我们强调了平台对社会 5.0 的重要性。威廉·乌里奇奥（William Uricchio）对讲故事方式的改变进行了概念化描述:"数字化、网络化和可访问性这三个因素使得观众能强烈参与其中,将数据的概念扩展,直至将本地化囊括进来,从根本上改变了纪录片主题的概念。"

这种多功能手机中有各种应用程序,因此现在到处都能听到人们在谈论"按键"的强大功能。YouTube 的例子便很有启发性。YouTube 已经成为一个视频喷泉,每天播放超过 10 亿小时的内容,每分钟加载 400 小时的内容。就在我写这篇文字的时候,YouTube 用户每分钟都在上传超过 100 小时的在线视频,而脸书正在推动超过 10 亿用户将他们每天的多媒体动态上传到个人主页(照片、经剪辑的视频、位置地图、链接和日记页面)。

5.9 最新技术

各类最新技术对于社会 5.0 都至关重要。

5.9.1 机器人技术与自动化

机器人技术的应用也是社会 5.0 的一个特征。机器人技术并不是发达国家的专利。

GrayOrange 是印度的一家初创公司,它的仓储机器人遍布全世界。第一个机器人叫巴特勒(Butler,"管家"),可以每小时智能储存 600 多种不同货物;第二个机器人叫索特(Sorter,"分拣家"),可以以无人能及的速度对包裹进行组装、分类和扫描。

5.9.2 虚拟现实

虚拟现实(VR)可以用于培训。用虚拟现实进行培训的原因有很多种:任务复杂、设备特别昂贵或难以使用、为危险环境做准备以及员工分散在各地。快餐品牌肯德基发布了一个食品制作视频,通过虚拟现实达到培训员工的目的。UPS 最近宣布将一个虚拟现实模块整合到其培训中心。

沃尔玛打算每年使用虚拟现实培训 15 万名员工。这些培训中很多都可以作为其他行动的载体。

- 从营销的角度来看，虚拟现实可以帮助企业给客户留下一个严肃、专业的印象。
- 它可以公开赞美企业的创办人。在肯德基的例子中，疯狂折磨者的角色是由桑德斯上校扮演的，他是该品牌的创始人。
- 它是一种用来诱惑员工的视频游戏。

5.9.3　计算机辅助设计

现在市场上的计算机辅助设计（CAD）软件有着不同的应用和功能。

设计软件特别适合建造复杂的平面，但它仍然有点僵化。这些程序包括 3Design、Alias、Cobalt 和 Evolve。法国的主要设计软件是犀牛 3D（Rhinoceros 3D），许多设计工作室都使用它。这个软件使以最大的灵活度制作极其复杂的平面图形成为可能。注意，3Design 最初是专门用于珠宝设计的。

直接建模的 CAD 软件从二维（2D）发展到三维了（3D）。二维设计使用最广的是 AutoCAD，它历史悠久，现已开发出三维功能，并被广泛用于建筑行业。其他设计软件有：BRL-CAD、CorelCAD、CREO Direct、DraftSight、eMachineShop、IronCAD、SpaceClaim 和 TurboCAD。

所谓的"参数化"CAD 套件是最老的套件。大多数工业设计师、机械工程师都使用这些套件。在这类应用软件中，它们是历史最悠久的。SolidWorks 的优势是界面非常直观，并且最为知名。而 ALibreCREO（前身为 ProEngineer）、FreeCAD、Fusion 360、Inventor、NX（Unigraphic）、Onshape、SolidEdge 和 TopSolid 却不具备这些优势。它们的使用更复杂，但也更完整，这意味着它们是为专业人士准备的，这些人尊重数字规则和代码，因此能进行数字化转型。最后，Catia 是大工业使用的设计软件。Catia 有着极其先进的选项,并有许多附加模块,适合各类工业。其中一个模块使设计工厂成为可能。

也有简化的三维建模器。它们制作的三维形状不注重设计,功能也有限。其中有著名的 SketchUp,以及 3D Slash、Anim8or、Amapi、Art of Illusion、K-3D、Metasequoia Moment of Inspiration、Silo、ThinkerCAD 和 Wings 3D。

三维信息图表和动画软件并不能进行设计,而是合成图像——无论是固定图像还是动画图像。它们制作出的图像往往极其逼真,而且能动起来。Blender 是开源软件。Houdini 是一个非常先进的特效软件,它专注于程序化生成三维物体。3D Crafter、3D Studio Max、Cheetah3D、Cinema 4D、Lightwave 3D、Maya、Modo、Mudbox、Sculptris、Shade 3D、Strata Design 3D 和 ZBrush 都属于这类软件。

若要制作人或动物的图像,并使其动起来,Daz Studio、MakeHuman、Massive、Mixamo 和 Poser 可以满足这方面需求。Bryce、Terragen 或 Vue 可以轻松创建各类景观和自然风景。3DVIA 或 Sweet Home 3D 可以帮你进行室内设计,并进行优化布局,尤其为商店和时装店所用。

5.9.4 人工智能

人工智能(AI)使以下几点成为可能:

- 提升客户满意度。
- 提出创新型服务或产品的共同构建。
- 提高企业的生产力效益。

人工智能是社会 5.0 的典型工具之一。人工智能可以分为 3 种类型。

第一类是基于算法的计算机编程。算法是一个数学模型,它被转化为执行行动所需的指令和过程序列。该类算法中最常见的一些算法可以从众多变量中预测一个指标的演变。谷歌的个人向导（GoogleNow）和苹果的个人向导（Siri）与其软件提案整合在一起。这些也作为聊天机器人出现在应用程序中。

第二类基于更为复杂的算法，使用各种规则和数据库。它们被称为"专家系统"。该软件的创造者通过一个特殊的过程，把一些关于规则的知识纳入进来，随后将其应用于数据。这些程序在与国际象棋冠军的比赛中获胜，但有时会产生误差效应，有时会遗忘误差效应。由于引入了自动学习模式，进化便发生了。专家系统的优点是使模拟成为可能，其主要应用于自动驾驶交通工具（汽车、火车、飞机等）中。由亚马逊所开发的基于其用户数据的推荐引擎便属于这一类。

进化指的是程序可以进行自主学习和自我纠正。人们给这些程序起了个名字：机器学习。谷歌的 AlphaGo 击败了围棋世界冠军，IBM 的沃森（Watson）在电视问答游戏节目《危急时刻》（*Jeopardy*）中获胜，都是这方面的例子。目前，人们尚未对特别真实和有用的应用程序进行很好的开发。人类面部识别或物体识别以及对自然语言的理解是最受欢迎的领域。初创企业或像 IBM 和微软这样的大公司便提供这样的软件构件。Smart Me Up 开发出了一个人脸识别系统，它可以监测车站内的客流，还可以检测司机是否嗜睡。Moodstocks 是一个智能手机应用程序，其集成摄像头使其可以识别物体。

第 6 章

社会 5.0 与未来的管理

未来管理的要素之一是数据。这将决定新的营销形式和"服务化"的确立。我们将在后面探讨。

"服务化"依赖于新的营销基础，在这个基础上，需要分析取代了需求分析。

6.1 管理、市场与企业

管理视角谈的是"企业愿景"，但市场营销却采用了对企业的特别定义。

后者有一个"社会"基础和经济基础，我们可以通过回答两个问题来将其简化：为什么？用来做什么？

定义：管理是一个过程，涉及决策、设定目标、组织资源，以及指导和监测目标的实现。它与法约尔（Fayol）所设想的规划概念相一致。管理还基于不同的要素（参见第3章的内容）。

定义：市场是供给和需求的交汇点。因此，市场与管理的概念要携手发展。管理本身就源于环境的各种变化。

对市场营销的质疑是社会5.0的必然要求。社会5.0营销的特点是既出现了新形式的客户知识，同时还有必要放弃一些传统的营销形式。

6.2 市场营销

传统的市场营销将经历某些转变，以便继续适用于社会5.0。

6.2.1 市场营销是一种只有在特定情况下才有意义的方法

市场营销是在工业社会,特别是在 20 世纪 30 年代的危机中发展起来的。它是一个为企业和组织服务的管理方法,被置于市场经济的背景下,致力于提高企业业绩。这一情况与社会 5.0 只有部分对应关系。新兴企业的变化致使营销也在发生改变。

在市场营销的历史及演变中,匡威(Converse)、约安尼斯(Joannis)和科特勒(Kotler)对市场营销做的几个定义很重要。

6.2.1.1 匡威(Converse,1936)的营销观点

定义:为满足消费者的欲望,在生产或分销层面上进行的任何服务、行为或操作。

这个营销定义侧重于消费者知识。

6.2.1.2 约安尼斯(Joannis,1965)的营销观点

定义:营销是一种发现市场并从征服市场中获利的"科学"的方法。

这个定义的重点是通过研究及利用提升业绩这一概念来发现市场。经济平衡是引入的新元素之一。这种类型的营销以市场研究的存在为前提,而这在社会 5.0 中可能不再有意义。在客户购买商品或服务时直接从他们那里获得的数据比研究得出的数据更重要,因此,直接获得数据的方法会在社会 5.0 中盛行。

6.2.1.3 科特勒(Kotler,1986)的营销观点

定义:营销管理是为实现企业目标,分析、规划、实施和控制各种旨在创造、发展和维持与目标市场之间相互满意的交流的方案。它本质上是基于按需供应,以及能够告知、激励和服务市场的价格、沟通和分销。

这最后一个定义介绍了管理和营销这对组合。营销组合是一种定义产品、价格、促销和渠道的技术。营销组合也被称为 4P。在面对当前市场的

经济挑战时，技术知识和商业行动并不足以确保公司的成功，甚至不能确保其生存下去。

6.2.1.4 营销工具

在工业社会中，企业不仅要考虑到市场的各种影响力量，还要考虑到自身的优势和劣势，以及市场给企业带来的威胁和机遇，以便能：

- 整合可预见的发展。
- 根据需求调整供应，或者根据供应调整需求。
- 打败竞争对手，至少获得更有利的生存条件。

让我们在此回顾一下我们最初的主张，即营销是一种只有在特定背景下才有意义的方法，这个背景就是企业和市场的存在。

与管理一样，我们可以按时间顺序确定不同的营销时期。

6.2.2 营销的五个历史阶段

为了分析营销行为，将社会与营销的各个时期或"阶段"联系起来很有用。这些阶段与历史演变同时出现。

6.2.2.1 第一阶段

企业只打算在市场上销售其产品。建立分销和销售渠道是唯一重要的因素。

6.2.2.2 第二阶段

流动问题出现，企业开始对这个问题感兴趣。这样一来，营销就转向了分销。

6.2.2.3 第三阶段

企业必须在市场中占有一席之地，于是这组营销变量就变得非常重要。供应大于需求，企业被迫超越其竞争对手。

6.2.2.4 第四阶段

企业不仅卷入恶性的竞争，还必须学会如何预测竞争。因此，企业不可避免地要了解客户，并理解他们。

6.2.2.5 第五阶段

商业运作日益基于客户数据，企业开始成为数据提供者。

社会5.0代表了对每个阶段预期的改进发出的挑战，旨在根据需要完善每个阶段。

6.3 逻辑：需要、欲望、期望和需求

需要、欲望、期望和需求是营销方法中紧密交织的四个概念。

6.3.1 将拉康的观点应用于市场营销

拉康的观点定义了一个链条：需要、欲望、期望和需求。

定义：需要是一种不满足的感觉。

吃、喝、睡和交流是基本需要，是人所必需的。实际上，需要指向的是一个真实的对象，但要通过决策链来设想它。

目标商品的消费是以需要来衡量的。对物品的消费会给人带来满足感，反之则会带来沮丧感。这种与商品的直接关系很快就会造成真实需要和所表达的需要之间的混淆，前者在人身上往往是非常稳定的，而后者则可能是高度可变的。

定义：欲望是需求以特定方式得到满足的愿望。欲望是需要的个体表达。

一个需要吃东西的人可能特别渴望吃蔬菜炖牛肉或生鱼片，这要看他

是法国人还是日本人。欲望与失落的体验——一种无法填补的缺失——相联系。

定义：期望指的是消费者对产品的期待。它表达的是消费者对产品的整体想象，而不仅仅是对其技术或功能的想象。

如果某人买了一辆功能强大、跑得飞快的汽车，这可能是对他的不同期望的回应：可能通过它表现社会地位，可能因为它跑得快，可能因为它可引起其同事的嫉妒。我们应将期望这一概念与我们所处的社会类型联系起来理解，因此它是社会 5.0 的关键概念之一。

定义：我们所说的"需求"是指对某一特定产品的欲望，与各种期望有关，也与获得它的可能性和意愿有关。

需求是唯一可直接观察到的变量，也是经济的关键变量。例如，"可能性"这一术语是指购买力、出现在销售点、与现有设备兼容等。

6.3.2 营销的地位

奥古斯特·瓦尔拉斯（Auguste Walras）对道德和经济进行了区分。对他来说，道德只把那些能满足理性层面的需求的物品描述为"有用"，而经济则是指人类渴望的所有物品——无论是对自己的生存有益，还是仅仅出于任性或某种激情产生了渴望。

6.3.2.1 需要

与流行观点相反，营销并不创造需要。一些格言是对需要、欲望、期望和需求这些逻辑的分析结果：没有任何产品表达的是单一的需要，只有消费者的需要。没有消费者，甚至也没有用户，只有购买过程。识别消费者或用户是为了将其与购买过程的不同阶段联系起来。没有价格，只有分配系统。托马斯·阿奎那（Thomas Aquinas）指出，人们之所以寻求商品，只是为了满足需要。他警告人们提防恶习和过度占有欲。

6.3.2.2 欲望

每个人都有欲望。如果欲望得不到满足,人就会变得悲伤,他的身体和灵魂就好像被禁锢了,他会感到压抑。当然,欲望从来就不是知识和意识的结果,而是冲动的结果。换言之,欲望是非理性的。在知道自己的欲望之前,我们就已经经历了欲望。斯宾诺莎(Spinoza)把欲望视作人的本质,把坚持不懈视作欲望的本质。正因如此,欲望才在时间中发生。让-克罗德·里昂德(Jean-Claude Liaudet)回顾说,神话就像是梦,是欲望的变相表达,但它仍然需要与现实携手并进。

叔本华(Schopenhauer)认为,我们的生活在痛苦和无聊之间摇摆不定。当我们因匮乏而感到痛苦,渴望得到种种东西时,就会感到不幸。如果满足了这一匮乏,我们会感到不快乐,因为我们不再有欲望了。

6.3.2.3 满足

研究消费者行为的专家力求通过建立对产品、服务或品牌的忠诚来满足消费者。使用价值的存在假定消费者能够识别产品或服务的用途,并对其进行价值评估。这种方法涉及对功能的识别。所有专家都坚持这样一个事实:对这种功能的识别并不足以保证充分、有效的消费。这一方法很简单:我们识别出产品和服务的功能,这些功能使我们有可能认识到它们的用途,而付费则使我们有可能定义其使用价值,而这些使用价值则转化为消费者的满意度。

这种传统观点过于局限。正如我们将在后面看到的,它并没有定义产品的全部用途。

6.4 新型管理技能

社会5.0需要新型管理技能,见表6-1。

表 6-1　社会 5.0 所需的新型管理技能

技能	描述
创新型经济	了解创新的各种新形式（包括社会创新和节约型创新）
数字化写作	在数字媒体的写作实践方面接受培训，并了解实现这些有哪些选择
形象	了解企业传播形象的重要性，利用传播形象的工具和人员（形象大使）
人工智能	了解各种人工智能工具及其局限性，知道如何使用它们，特别是在获取大量数据（大数据）的情况下
集体智慧	知道如何使用集体智慧，打造能掌握集体智慧的事件或工具，开展能够把握文化差异的行动
游说和影响	实施行动的能力
创造关注度	能够吸引对方的注意力
共同规划	实施发展各种形式的合作、共同建设、共同设计的规划。理念是支持"共生"社会
全球化术语	了解全球化的术语，特别是物流术语
自动化工作和机器人技术	了解哪一部分活动可以分包给各种机器，了解其优势、强项、劣势、机遇和限制，了解数据采集对自动化的作用
竞争情报、经济情报等	采用收集和分析数据的工具 采用汇总工具

　　Jugaad㊀经验伴随着那些希望通过基于信任的管理向自由社会发展的企业家和管理者。Jugaad 或跨文化智慧还帮助企业在国际上发展，并提升其创造力。

　　在纳维·拉乔乌（Navi Radjou）看来，节俭式创新是指用更少的钱取得更多的成果。他是硅谷的一名创新顾问，是 Jugaad 之父。Jugaad 这场运

㊀　印度的节俭式创新文化，又称拼装文化或变通文化。——译者注

动以印地语中的一个词命名,其意思是"知道如何在恶劣的条件下管理和找到解决方案"。它是一种真正意义上的营销心态。

6.5 无聊产生于重复

"很多无聊都是由重复造成的"。我们的参考顾问娜塔莉·玖琳提出,我们应知道如何管理各类小型创新活动。然后,我们就可以进行发明,而且往往是再发明。这时我们可以体会到无聊所起的作用以及这位顾问在无限次使用"创新"一词时遇到的困难:她感觉不得不用"发明"来代替它。

6.6 客户满意度

社会5.0中的企业必须组织起来,以便利用相关数据,更好地满足消费者。社会5.0并不代表对消费的抵制,而是要改进消费。除此以外,我们还面临着无法回避的来自环境的挑战。供应和需求之间的关系发生了变化。社会5.0的特点是:行动者正在抛弃与商品交换和货币相联系的交易型市场的原型,转向关系型市场,在这个市场中,"服务化"和"共同"一词是关键因素(这些主题将在后面讨论)。

包装、解决方案、体验和效果等都很重要,产品只是支持。这些新市场的重点不再是消费,交换价值也在向使用价值迁移。交易通常被称为"用来换钱的交易"。事实上,消费者用货币换商品或服务。当我们转换到使用价值时,交易本身就发生了变化。商业关系发生在交易双方,诊断发生在上游,一开始是信息的交换,然后向下游流动,随后验证消费者购买商品或服务的效果。数字世界的进步使得这种关系的密度正在增加。企业会邀请消费者提供信息——无论是有意为之还是无心之举(物联网是在消费者不知道的情况下出现的），为的就是让消费者突然置身于这种经济依赖的处境中，并充分利用这种处境。

对商业关系的强调要求我们重新设计各种关系架构，其中包括平台的概念，这一点我们将在后面讨论。当法律之墙出现时，法律必须承认消费者已被囚禁，并应制裁各种对消费者的虐待。

6.7 抵制消费

社会5.0的营销面临着消费者的抵制。这个社会自认为是表演型的，对消费者的抵制和反对行动可没什么兴趣。抵制产生的根源是营销话语以及言论和行为之间的差异，对这一点我们需要加以认识。

有些消费者采取发声和可见的一些运动形式进行抵制，如抵制活动、抹黑运动、反对大规模分销的消费者运动，还有些消费者选择相对沉默的示威形式进行抵制，如集体投诉和抵制消费的意愿等。

最初，消费者的攻击是针对企业的。消费者呼吁抵制，发起了这些攻击。后来，攻击演变为对各种既定方针的质疑。对企业而言，这意味着要逃离传统市场，转向采用基于社区的营销方法，以尊重营销环境为主旨。欧洲一些国家开设的只销售二手产品的商店便是一个例子。

6.8 信息采集

信息检索和信息的采集是与社会5.0的行动者有关的新行动。

面对这些行动，出现了不同形式的反对，这些反对对应的可能是真实、可感的压力。人是自由的，除非处于受"压迫"的情况。这意味着如果一个人长期受到帮助，他就会寻求自主，因为正是这种帮助导致了受压迫的情况出现。企业必须对其所做承诺与供应的真实情况进行权衡，在涉及数字工具时尤为如此。

目前的信息系统采用各类已泛滥的识别手段，这表明企业缺乏考虑，并未心存感激。这导致各种消费者联盟、媒体曝光和惩罚性运动的出现。其风险在于：商业话语和其他相关表现形式可能会被联合使用以对抗企业。

6.9 客户关系管理：一个重要的工具

无论对于哪个产业部门，客户关系管理（CRM）都是一个必要的计算工具。客户关系管理是一个管理商业企业的工具。它有助于提高营业额，为员工节省时间。因此，这个工具可以帮助企业提高利润率。

客户关系管理可以集中有关客户的信息，以及跟踪贸易关系和正在进行的项目的进展情况。该工具可以列出已经进行的或仍需进行的行动。它可以分配任务、验证决策。总体而言，它可以帮助识别障碍。客户关系管理还可以根据不同的视图生成仪表板，如客户视图、销售管道视图、项目视图或业绩视图，其中项目视图等可用于衡量项目进展情况和业绩比率。社会5.0需要更好的客户服务，因此，客户关系管理是企业必须拥有的一个工具。

追踪模块有助于衡量商业行为的表现，有助于将案源计分（为潜在客户打分）纳入其中，这样就使营销努力反映在那些最有可能购买企业产品的客户身上。所有这些行动都有助于确定相关指标。客户关系管理还通过共同议程、协作文件和互动历史来促进团队合作。

6.10 管理的整体方法

社会5.0的特点是对管理有一个整体的设想。这涉及舍弃一些前述已探讨过的企业结构，以及与进行必要联系、维持相互关系有关的合作成本和开支。因此，社会5.0的行动者们建议建立一个基于人际关系的企业结构，这种方法被称为"社会民主"或"合弄制"。

6.10.1 社会民主

社会民主是管理5.0最古老的模式。它可以追溯到20世纪70年代流行的系统论研究。

定义：社会民主是一种治理方式，它以简单工具为基础，使各类组织能够在没有中央权力结构的情况下有效运作。它依赖的是一套让决策得以传播的自我组织模式。

社会民主型组织区别于其他组织之处在于前者采用了建立组织的种种工具。其主要工具有：

- 一致意见支配决策过程。
- 在没有候选人的情况下选举出决策者。
- 组织互相关联的自治型职能单位。
- 各圈子之间个人的双重联系。

社会民主的基础是创建功能单位，创始人用"圈子"一词来命名这种单位。

"社会民主"一词由奥古斯特·孔德（Auguste Comte）提出。这个词的构成结合了拉丁语表达法 societas（社会）和希腊语表达法 krátos（权威）。孔德希望推进社会的治理，即社会由一些受各种有意义的关系所约束的人进行治理。孔德想把这种方法与源于 dêmos 的方法区分开来。dêmos 是一群拥有共同价值观的人，换言之，就是民主。孔德并未把这种治理方法设想为一种组织观念，而是设想成一种新的政治形式。"把西半球从无政府主义的民主和退步的贵族社会中解放出来，尽可能地建立真正的社会

民主，明智促进所有人类力量的共同再生。"⊖

1926年，基斯·博克（Kees Boeke）在荷兰的比尔特霍芬创办了儿童社区工作坊（Werkplaats Kinderge-meenschap, WP）。他是在玛丽亚·蒙台梭利（Maria Montessori）理论的启发下，最早采用当时最具创新精神的教学实践的人。这所学校的校规建立在以共识为基础的决策之上。社会民主理论家杰拉德·恩登堡（Gerard Endenburg）于1943—1948年曾在这所学校求学。

在商界，商业顾问已将这种方法普及。法国的一个例子便是IDEO动态研究院（IDEO dynamic Institute）。

6.10.2 合弄制

我们可以把合弄制理解为社会民主的一种演变，但实际上，把合弄制与其他方法区别开来的正是它的实施方式。

定义：合弄制是一种组织治理体系，以正式采纳集体智慧为基础。从操作的角度看，这种方法通过组成相互联系、自我组织的适当规模的小组，使决策机制在整个组织中的传播成为可能。

6.11 黑客的立场

最成功的一些组织都力求使用黑客的方法和工具，即黑客行为。

6.11.1 企业黑客行为

在帕斯卡尔·根蒂尔（Pascale Gentil）看来，如今，企业黑客行为代表了那个创造性地进行破坏的世界。20世纪70年代，喜欢寻找解决方案的黑客诞生于美国，与其一道诞生的是黑客的具体愿景。

⊖ Auguste Comte, *Catéchisme positiviste*, p.2, Garnier-Flammarion, Paris, 1966.

> **黑客道德**
>
> 对计算机和任何可以教世界如何真正运作的东西的访问，应该是无限的、完全的。
>
> 信息应自由流通，并且应免费。
>
> 提防权威，鼓励集中化。
>
> 应根据黑客的作品来评判他们，而不是根据虚假标准，如职位、年龄、国籍或资格。
>
> 我们可以在计算机上创造艺术和美。计算机是为了改变生活而制造的。

随着黑客道德的出现，创新成了公司的口号。服从涉及规则的制定，但它更多地代表稳定。在一个不断变化的世界中，"常规"一词已不再适用。"成为你希望在这个世界看到的变化。"这句话是甘地说的，也是黑客们的主旨。

让我们引用有关行动者提到的几个重要观点，特别是玛格丽特·米德（Margaret Mead）在观察后得出的一些结论。她就这个问题提出了一个重要想法："永远不要怀疑一小群有思想、有决心的公民可以改变世界；事实上，这是唯一曾经改变过的东西。"

这句话的意思是，一小群有思想、有决心的公民确实可以改变世界。事实上，一直如此。一些企业还利用了从其他方面获得的启发，以下三种方法便是例子。

6.11.1.1　埃弗雷特·罗杰斯（Everett Rogers）的创新扩散曲线

新产品的创新扩散曲线是由埃弗雷特·罗杰斯于 1926 年在其著作《创新的扩散》（*Diffusion of Innovations*）中提出的。这一理论涉及两个方面。第一个方面将不同的客户群体与新产品的不同采用阶段联系起来。第二个方面力求关注有利于创新的条件。最有名的例子是我们现代计算机的键盘。我们未能普及一种更有效的键盘，这象征着对技术路径的强烈依赖。在整个技术史上，过去的种种决策正在扎根，并限制了新的发展。

6.11.1.2　奥托·夏默（Otto Scharmer）的 U 型理论

U-程序基于奥托·夏默所称的"自然流现"（Presencing）的概念。这是一个由"存在"（Presence）和"感知"（Sensing）组成的新名词。U-程序是一个元模型，它使我们有可能从一个对未来不闻不问的国家转向一个世界范围内的新型社会国家。这指的是新产品取代旧产品的情况，即使这些产品在市场上仍然存在。这一途径为我们提供了重建现有工具、重新将这些工具组织起来并仔细观察其性能的方法。U 型理论是一种被经济学家称为 J 曲线的现象的再现。

6.11.1.3　马尔科姆·格拉德威尔（Malcolm Gladwell）的引爆点理论

引爆点应被理解为"切换点"。换言之，它对为积极破坏一个系统所能做的最小的事情做出了定义。

这是一个非常精确的点，能够实现转移或异类联想。

图 6-1 为应用于企业管理的悲伤曲线。

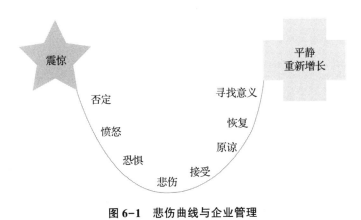

图 6-1　悲伤曲线与企业管理

我们观察图 6-7 后可以得出如下结论：悲伤曲线与压抑有关；这种管理模式会令人产生不信任。正因如此，当今一些企业建议要依靠有所欲求的人。

咨询公司 Imfusion 发明了实验室（Labo）、原型（Proto）、转化（Transfo）三种模式。原型阶段在各类实践得以传播前出现，这种传播在影响区内进行。它是触发转型的引爆点。为此，企业有必要放弃增加了不必要层级的筒仓式组织模式。实验室阶段约需 5% 的行动者创建一种产品、一次服务或一个流程，然后在原型阶段转向 20% 的行动者，这样就能使模式稳定下来，并对其进行全面测试。最后，一旦达到转化阶段，其效果就会在整个企业传播开来。

具体而言，该方法分为四点。第一，这个行动鼓励个人进行实验、体验规则，而不是对规则进行打击。第二，行动的推广者还相信集体智慧的力量。第三，启发式旅行的概念是一种有效方法，因为在旅途中工作可以对先前的操作模式加以整合。第四，它促使人们采取行动，但不进行抵抗，明确指出要放手，并建议人们在自我方面下功夫。

6.11.2 管理黑客会议

黑客马拉松通常被构想为一个为期 2~3 天的活动。在这个活动中，企业的员工必须为创建新产品或新服务、为企业的内部或外部工作找到新点子。这种有限的时间框架决定了企业不可能从实际操作中汲取最大利益，但这项工作有一个健康的开始。正如我们之后将看到的，黑客马拉松的理想是"黑掉"整个企业，这样它才能在社会 5.0 中处于优越位置。此外，使这种产品、服务或操作的创新对企业的工作方式有意义或证明其有用是件困难的事。

为使黑客马拉松获得成功，企业有必要对其目标做出清晰定义。为创建新项目，企业有必要突破举办会议的想法。不过，如果设立的目标过于狭隘，会有产生失望的风险。这种风险是双重的：如果项目未能被企业重新启用，参与者可能会感到失望；组织者则可能会因结果未达到预期而感到失望。目标应足够广泛：以产品的"开放式创新"为出发点，对新型工作方法进行测试，在各单位间展开合作等。尽管如此，即便有时操作未能达到预期，企业也应记住：这类活动给企业带来了文化上的改变。

给要参加会议的团队提供一个工具箱与把他们聚集在一起同等重要。我们的想法是创造一个合适的环境，让大家在一起工作。在这些工具中，我们可以加入"咖啡会议"或"设计思维研讨会"，以提高参与者的意识，让他们能敏感地察觉到谁是各类创新产品或服务的未来使用者。资源联络人的会议也很有用。最后，有必要提供一些建模工具，这些工具在生活实验室中一般都有。

安排这样一个活动可能会有更高的附加值。创建生活实验室这类量身定做的工作空间是不够的，我们还要确保行动者与其工作单位隔绝。他们应感觉自己仿佛置身于另一个宇宙。这个宇宙能让人勇气倍增，还能推动行动者做出独到的构想。活动还要安排一些协助者，这有助于各种点子涌现，还有助于重新引导推理路径。

最后一步是让企业进行广泛的文化适应，以改变参与活动的行动者的心态，使其更具创新精神，从而能对社会 5.0 做出反应。行动者在这些活动中体验到的方法、产品、想法和工具可以在其日常生活中反复使用。适应数字化是更大规模的转型规划的要点之一。其他活动可以作为补充，以促进变革，如数字日、学习考察、创业日等。

我们可能还需要寻找一些方法来拓展这些活动的成果。如果对所取得的成果置之不理，那太令人遗憾了。恢复正常生活后，我们有时很难深化这些成果，所以才有必要开展团队建设活动，让行动者离开其所在部门，把他们带进各种新天地，这样能激励企业内部的创业精神，提升竞争力，还会鼓励行动者掌握各类新工具。

6.11.3 人力资源管理

首先要申明一点：第一个要改变的人就是你，如此，企业才能改变。

表 6-2 描述了企业人类资源管理的三个轴心。

表 6-2 企业人力资源管理的三个轴心

轴心	说明
把人置于企业的重中之重	一家企业不仅包括必须启动的资本，还包括需要管理的人
让工作有意义	这涉及生成自主意识、创造新的参与形式、确保接受企业愿景和目标
取得成效	这涉及为实现可持续发展目标竭尽全力

商业顾问提议像原始部落那样管理企业的人力资源，即没有等级制度，但大家会分享各种讨论和决定。企业要避免行动者之间的竞争。

员工可以凭良心确定薪酬，可以选择拿多少工资及与谁共事。这让人产生自信，也带来一些乐趣。该过程分为几个不同阶段：根据基准设想薪酬，进行关于金钱的思考，采访两个人以产生镜像效应，调整期望薪酬，公开宣布自己的期待，提出问题以理解和澄清所做的选择，从整体上进行调整，对若发挥出来则可能危及集体平衡的潜质加以否定，在不到45分钟内确定了11个人的工资。结果是每个人都开心！参照对象已发生变化，我们不知如何让员工的注意力集中在2700~4500欧元的工资标准上。每个人都自觉地选择，集体也尊重这一点，并且无须进行谈判。

这种途径不仅给企业带来价值，还带来一种给予、分享的文化。正因如此，企业开创了黑客运动。依托各类社群，"它得以启动，它被创建，它被传播"。企业黑客运动在这里标明：能行！

亚当·卡亨（Adam Kahane）提出了两种前进的方法：权力和爱。两种方法都有积极的一面，也有黑暗的一面——如果它们被滥用的话，见表6-3。我们必须照亮黑暗，以抑制其消极的一面。这两种方法同等地适用于个人、团体、企业、国家。

权力在动员、聚集能量和解决问题方面是有用的。从另一方面看，如果权力被滥用，那么它就会变成推土机，变成破坏工具，变成消灭对手的手段。爱能驱动参与和协作，促进对形势的理解。但若过度使用，爱就会变成操纵（以爱的名义）。

表6-3　卡亨提出的社会转型周期

阶段	社会转型周期	
	转型前 权力模式	转型后 爱的模式
生成性行动	坚定 动员 约束	投入 协作 分组
初始反应	抗拒 反对两极分化的斗争	寻求妥协 屈服 融合
退化或长期行动	设置烟幕云 失败主义 毁灭	操纵 削弱 窒息

在亚当·卡亨看来，我们每个人都有自己的偏好，都会选择特权路径。亚当·卡亨提出了这两种方法的最优方式。他提出，它们应处于动态平衡状态，一个接一个地出现。他用走路打了个比方：如果在一条路上走太远，那就跟光着脚走路差不多。正因为如此，最好的办法是选择两条道路，而不是将它们合并。他提议在不减弱主导道路的前提下，对个人、国家或企业表现较弱的那条路进行加强。他还认为，动态平衡很有必要，因

为不可能实现静态平衡。

对爱的否定可以推动权力,并使其退化;对权力的否定则促使爱退化。为雅高集团(Accor)服务的顾问们正在采取行动,帮助其实现文化转型。企业中的每个成员都属于不同的圈子,因此更相互理解,避免彼此封闭。

6.12 一些有助于理解进化的微弱信号

定义:微弱的信号反映出一个矛盾的(社会、人口、技术、环境、经济、心理)信息,一旦对这个信息进行反思,就会对社会及其各类组织的未来产生重大影响。

微弱信号的概念对于探查社会 5.0 所做的各种突破至关重要。当我们提到人类所处的几个世代时,第一类分析便出现了。与人类 1.0(Humanity 1.0)相比,一场更具决定性的"革命"可能随着人类 2.0(Humanity2.0)的到来而出现。

6.13 世代

社会 5.0 让我们结合不同世代对事物进行重新思考。

6.13.1 Y 一代、阿尔法一代和贝塔一代

Y 一代(Generation Y)为其工作场所贡献了智能手机和便携式计算机等工具。阿尔法一代(Alpha Generation)进入了机器人时代。贝塔一代(Beta Generation)则认可了数字工具智能手机——或者说它所代表的东西,这已经成为一种姿态。[1]

---

[1] Read in the letter of feeble signs by Philippe Cahen.

6.13.2 新生代更具"生态性"的消费

10年来,食品一直受到质疑。2020年,合成食品宣布诞生,新鲜产品优于腌制食品的事实也浮出水面。此外,在欧洲,半成品菜肴正在减少(PERIscop的研究发现)。2015年发生在冷冻食品领域的马肉风波很能说明问题。食品质量的整体下降,或者说它们与天然食品的距离——特别是对自有品牌来说,影响了消费者的看法。对肥胖症、糖尿病和人口老龄化的常规警示与从厨房里解放出来的想法并不对立。打击食物浪费的意识还产生了其他影响,其中便包括预付费包装的崛起。

自2012年以来,欧洲的餐厅就餐人数一直在减少。调查发现,经济危机和恐怖主义造成的恐惧是主要影响因素。就连快餐店也发现它们的到店就餐人数在下降。为使生意变好,它们在交通空间开设小型快餐点,同时推出更简单的菜单。"快餐"成了一种对快餐店的回应,它们被描述为大厨的快餐,比如里昂的博古斯(Bocuse)、马克·韦拉特(Marc Veyrat)的有机食品售卖车。⊖网上订单不断增加,无论是外卖打包还是送餐上门。餐馆顾客正从这些新型服务中受益。

6.13.3 中产一代

在西方国家,当城市为现代性投票时,广阔的城市周边地区(从离开城市30公里或50公里处开始)则为拒绝全球化投票。有孩子的中产阶级正在抛弃城市,搬到周边地区,而那些能满足于狭小空间的年轻人或老人则留在城市。随着城市中心对社会住房的比例进行了强制规定,其他住房设施的购买或租赁费用越来越高,于是,有孩子的年轻夫妇开始离开城市。唐纳德·特朗普(Donald Trump)的政治选票、英国脱欧和法国国民

⊖ 保罗·博古斯和马克·韦拉特都是法国享有盛名的厨师。

阵线（Front National）[一]可能都与此有关。

在这个新世界、这个全球化的世界里，教育程度的普遍提高是一个被忽视的变量。一些国家倾向于自我封闭，依靠自己。比如，韩国在1953年曾经比朝鲜还穷，可现在却是各类新技术的领导者，拥有像三星这样的企业。新加坡也凭借其发达的大学教育成为技术中心。从世界范围看，教育程度提高了。其结果是，西方国家的中产阶级正在融入全球的中产阶级，其中发达国家的中产阶级规模最大。这对中产阶级的购买力（与工资关联）产生了影响。这些人是从全球化中受益最少的人。再者，培训只能在短时间内影响技能。接受培训最少的人的工资最低，因此要鼓励教育，并由国家启动培训课程。

6.14 技能与世代

技能是将个人在社会5.0中进行定位的一个基本因素。"先前"这种说法指的是以前的公司和那些适应社会的公司。技能的概念已经得到调整，以便适应企业环境，就好像它是个人技能的补充。

6.14.1 企业的独特技能

我们应结合企业的核心业务来确定独特技能的定义。

定义：企业的"独特技能"属于其技术诀窍。当企业将该技能应用于产品/市场组合时，这些技能会在一些消费者认为重要的方面将企业与其竞争对手区分开来（F. Webster Jr, *Industrial Marketing Strategy*, 1995）。

独特技能的概念常常被称为"竞争优势"。这个术语源于这样一个假设：在竞争方面拥有优势有利于成功。营销的基础导致了产品的差异化。

[一] 2018年6月更名为"国民联盟"（Rassemblement National）。

但重要的是，企业要关注产品与众不同的技术的形成过程，这将使企业的各类活动或贸易结合在一起。

6.14.2 "低"与"少"的历史

1982年春，记者弗朗索瓦·德·克洛斯特（François de Closet）在格拉塞特（Grasset）出版社出版了《总是更多!》（*Toujours Plus!*）一书。这本书专门讨论了正在侵蚀法国社会的新公司的一些形式——尽管当时人们对密特朗上台后的表现充满了期待。该书立刻成为畅销书，有人说它表现了一种社会现实。事实上，该书售出了85万册，其袖珍版也售出了同等数目。

6.14.3 无现金一代

无现金一代在非洲很普遍，在法国和欧洲其他国家也正在以自己的方式发展：Nickel账户适用于没有银行账户的人，Ipagoo账户适用于多国和有跨货币需求的人。

无论是在非洲还是在欧洲，问题都是要让兑换变得简单流畅，这更让银行头疼了。

6.14.4 商业化和商业中的变化

在过去的10年里，贸易受到了质疑。无论是销售点、商品目录还是电子商务或移动商务，一切都需要改变。中国是电子商务领域的冠军，美国正在关闭数以千计的商店。3D打印机是2014年最受欢迎的圣诞礼物，它彻底改变了这个产业。降低价格和成倍扩大面积并非解决办法。一切都在当下发生，就像1930年以来每30年都要发生一次那样。为重塑贸易，我们需要重新考虑消费和购买，还要重新考虑阿尔法一代。

美国超市品牌开市客（Costco）在塞维利亚开业。开市客于2017年6月进入法国。在巴黎开新店的动作反映了开市客传播这种商业模式的意愿，尽管据其法国首席执行官说，会员卡的发放数量并没有达到预期的配额。

到目前为止，在美国开设的欧洲店铺或在欧洲开设的美国店铺都以失败告终。开市客是美国著名的会员制仓储式卖场。令我印象深刻的是开市客每4平方米管理1个编号，而欧洲硬折扣商［历德（Lidl）和奥乐齐（Aldi）］每平方米管理1.1个编号，软折扣商每平方米管理4个编号，大型综合超市每平方米至少管理12个编号。在管理方面，开市客的管理是正确的，但从客户体验的角度来看，这并不一定精明。

6.14.5　市场的变化

如今，市场和竞争的概念似乎已被扭曲。事实上，新型互联网和信息技术工具已经强大到足以改变市场和竞争的边界和面貌。拼车网站目前正在改变运输市场的面貌。同样，爱彼迎这样的住房预订网站也正在改变房地产市场和酒店市场。

所以，现在的问题是要了解这些网站是如何定位的。

另一个问题涉及国家的作用。家庭和企业的税收有着根本上的不同，因此国家应对专业市场和业余市场进行区分。

如果爱彼迎、BlaBlaCar或优步的会员在这些平台上提供服务，将该服务变成重要的收入来源，国家应该怎么做？会员至少赚多少钱，我们才可以称他们为专业人士？这种灰色工作、非正式工作究竟是一种服务还是一种用金钱来交换的贡献？此外，税费应该由提供服务的会员还是由平台来申报？金钱是一种交换媒介，在经济学家看来，如果我们对金钱的看法超出这一层次，那么它的作用就会受到质疑。

第 7 章

重大创新终结的影响

自 20 世纪 90 年代以来，经济合作与发展组织（OECD，以下简称经合组织）等国际组织一直在撰写关于创新终结的报告。社会 5.0 的标准是可持续、包容、高效和智能。重大创新之所以终结，可能是因为这些标准更复杂，更难达到。

7.1 重大创新的终结之我见

19 世纪和 20 世纪的创新主要涉及技术上的进步。另一方面，21 世纪初的创新与其说是以技术为特征，不如说是以物品/服务之类的组合的使用或"服务化"过程为特征。表 7-1 列出了一个多世纪以来的重大创新。

我们在后面所做的关于渐进式创新和重大创新（或突破性创新）之间的细微差别的研究仍然有效，但事实表明，近年来我们并未目睹重大创新的出现。

表 7-1　一个多世纪以来的重大创新

重大创新	时间	重大创新	时间
电话	1860 年	软盘	1950 年
白炽灯	1879 年	CD	1980 年
电视	1929 年	网站	1991 年
原子弹	1945 年	智能手机	1992 年
计算机（第一代）	1946 年		

这些创新迅速占据了管理领域，而且发展速度非常快。创新的演变如图 7-1 所示。

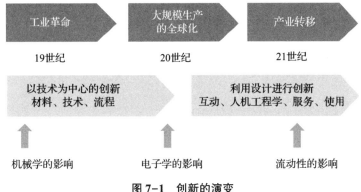

图 7-1　创新的演变

19 世纪和 20 世纪的创新主要基于技术上的进步。近年来，创新的技术性特点逐渐减弱，与应用相关的特点更为突出。因此，通过应用和生产方法的改变进行创新的想法产生了。

"法国在创新领域已经落后了。（法国）没有应用文化。几十年来，我们的企业，主要是那些以技术为中心的企业，一直以实施改进创新的国家援助计划为导向，因此忘记了'用户体验'，而创新的成功正取决于此。

"不过，是设计在技术与应用之间建立起了联系，它成为二者之间的齿轮，并提升了想象空间，使目标产生了吸引力。说设计太新也好，太肤浅也好，很明显，法国并不拥有设计文化。"㊀

7.2　作为提高技术媒介的营销哲学

创新与营销哲学的联系日益紧密，而营销哲学本身就来自一种新的平

㊀ Alain Cadiz, "For a national design policy", bill delivered to the Minister of Productive Recovery and to the Minister of Culture and Communication, October 2013.

衡形式。

7.2.1 为何要提到营销哲学？

营销哲学是建立在技术统治市场（技术驱动）的假设之上的。技术对生活的决定性影响如图 7-2 所示。

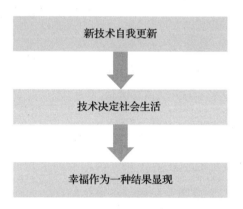

图 7-2 技术对生活的决定性影响

各种不同的营销政策都基于这种方法制定。其影响之一便是技术的不断更新。这种更新有一个口号：一定要考虑降低价格。

7.2.2 英特尔处理器的例子

美国英特尔公司采纳了这种技术更新的逻辑，其产品价格便很重要。1992 年 1 月，80486 微处理器的价格为 1865 法郎，1993 年为 727 法郎，1996 年仅为几法郎。在这些技术更新的基础上，微处理器对计算机产生了影响，而计算机本身也加速了社会经济的演变。这方面的条件之一是重视计算机系统在性能（主要是生产力方面）和创造性方面所能提供的可能性。

英特尔芯片演变（见表 7-2）的一个问题是：奔腾（Pentium）是英特尔技术发展路线中的最后一步，其后的处理器相当注重使用性能。

表 7-2 英特尔芯片的演变

微处理器	时间/年	尺寸（按位记）	MIPS	等效晶体管数量/个
4004	1971	4	0.06	2300
8080	1974	8	—	5000
8088	1974	16	—	5500
8086	1978	8/16	0.75	29000
80286	1982	16	2.6	134000
80386	1985	32	6	275000
80486	1989	32	20	120000
奔腾（Pentium）	1993	64	112	310000
高能奔腾（Pentium Pro）	1996	64	300	550000

7.2.3 创新平衡

创新的范式是可行性、可操作性和可取性之间的复杂平衡，如图 7-3 所示。用户、用途、社会环境或法规的变化都可能产生这种平衡。

一个最有名的例子便是餐厅露台外部的散热器，这与公共场所的吸烟禁令有关。这种社会秩序的变化依赖于一个完全成熟的技术。再举个例子：通过城市中的终端出租自行车与本地化技术和终端的应用有关。圣戈班集团（Saint-Gobain）生产的加热型玻璃使建造透明散热器成为可能。碳纤维复合材料对减轻技术型自行车的重量很有帮助。

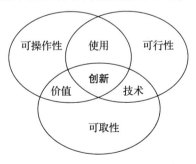

图 7-3 创新平衡

可取性、可行性和可操作性都让人们对渐进式创新的变化所导致的可接受性产生怀疑。

7.3 创新的新形式

面对创新的终结和创新的社会决定论，经合组织开始对随社会5.0的到来而出现的各种新的创新形式，即社会创新和节俭式创新感兴趣，如图7-4所示。后者往往与"低社会"（Low Society）或"少社会"（Less Society）的概念相关。

图7-4　创新的新形式

7.4 研究的全球化

研究的全球化是若干科学、研究和社会论坛所讨论的主题。具体而言，这场讨论并未尝试对全球化做出定义，这让我感到惊讶，因为这一话题仍然充满争议。各类圆桌会议的出发点是全球化并不存在。

7.4.1　科学的全球化其实并不存在

在人口学家埃尔韦·勒布拉斯（Hervé Le Bras）看来，教育和科学都并未受全球化的巨大影响,或者至少其影响没有想象中那么大。埃尔韦·勒布拉斯以各种实例为依据。他解释说,各个国家的学科差异很大,至少在定义和方法方面是如此。他认为,造成这种荒唐局面的原因是对"文化相对主义"的辩护。

全球竞争压力并不存在。经常会听到这种说法:"如果我不做,别人就会做!"人们往往觉得这很不可思议。在法国,研究的规划是地方性的,更不用说各种区域研究了。事实上,世界各地的社会需求千差万别,因此很少有全球性的研究课题。唯有方法可以共享。对于那些需要填饱肚子、战胜干旱喝上水的人来说,农业的工业化和一家拥有 1000 头奶牛的农场就是痴人说梦!

7.4.2 科学全球化只对数学、物理学和医学有意义

至少,科学全球化是让-皮埃尔·布吉尼翁(Jean-Pierre Bourguignon)就数学提出的论点。在他看来,数学对企业具有战略意义。在不久的将来,数学工程师的数量可能会增加 10%~20%。

弗雷德里克·博德里(Frédéric Bordry)认为,物理学领域也会发生同样的情况。社会的普遍加速与物理学所涉及的长时间持续研究形成了鲜明的对比。玻色子项目可以追溯到 1983 年年初;由于成本的增加,2010 年该研究的回报和开展研究的手段不能不全球化。提埃里·博德里(Thierry Bordry)回忆说,LHC 加速器的成本为 50 亿欧元。说实话,这个金额可能会刺激该产业,使其重新利用所取得的成果。然而,就这样的成本而言,研究只能是全球性的。现在的主要问题是下一个大型加速器放在哪里。

健康也是全球性的。辛西娅·弗勒里(Cynthia Fleury)回顾说,病毒、细菌和污染不会被边境阻挡。她阐释了一个细微差异:风险暴露在不同的地理区域有所不同。

7.4.3 欧洲的研究是关键点

所有研究的倡导者（几乎所有倡导者）都持这样的观点：面对大国，研究必须是国际性的，就法国而言，必须是欧洲性的。

辛西娅·弗勒里想提出一个欧洲研究的模式。这不仅是一种需要，而且是整合的要素和资金来源。虽然欧洲研究计划可以追溯到1951年，科学和研究被纳入到技能之中，但教育却不同，教育尚未取得这种地位（欧洲的教育能力是通过协调实现的）。欧洲仍有大量工作要做。伽利略（Galileo）计划、玻色子（Boson）项目、空中客车（Airbus）和阿里安（Ariane）火箭是目前仅有的几个为数甚少的欧洲重大项目。这样的项目还可以再多些。辛西娅·弗勒里认为，比起其他类型的研究，要多赋予欧洲的研究一些特权。"我们什么时候能有新的法兰克福学校？"她提出了这个发人深省的问题。

7.5 科学出版物的全球化

从关于科学的辩论中衍生出来的主题是研究成果，也就涉及出版物。当然，出版物的全球化的确存在，但事实上，这些出版物的读者并不多。

7.5.1 科学交流：不出版就灭亡

根据研究领域行动者的说法，真正的全球化涉及"不出版就灭亡"模式。众所周知，这是由官僚和政客造成的，他们腐化了每个领域的研究人员。

2012年，《旧金山科研评价宣言》（*San Francisco Declaration on Research Assessment*）推出后，成千上万的研究人员、很多学术团体和一些出版社都在这个宣言上签名。该宣言的目的是限制影响因子在研究评估中的使用。

弗雷德里克·博德里总是不失时机地引用这个例子：研究希格斯玻色

子的希格斯教授（Professor Higgs），其 h 指数令其在大多数受欢迎的机构中都无法成为大学教授。

出版的压力正在造成真正的伦理问题。目前的情况是出版物的碎片化，这反映在科学文章数量的激增和新增或主要出版物数量的减少上。其结果便是，知识的获取变得缓慢。伯纳戴特·穆尔格（Bernadette Murgue）已经就此给出了一些细节：研究人员一稿多投，只稍作改动便拿去发表，平均每人发 10 篇，这导致文章欠缺原创性。此外，为能使研究继续下去或对研究进行检查，我们有必要对不同的期刊文章进行"合并"，但这使科研活动变得更复杂。

7.5.2 解决方案：扩大"出版物"的范围

对科学家来说，解决办法可能是扩大出版的概念——到目前为止，它仍然局限于所谓"科学"出版物的领域。

在让-皮埃尔·布吉尼翁看来，人们很难考虑到各种科学差异和不同形式的出版物。的确有其他形式，如研讨会、书籍、专利等。我们既要意识到学科的多样性，也要意识到出版有各种模式。

辛西娅·弗勒里认为，对开放科学（Open Science）运动和原始结果发表保持关注不失为一个好主意。这两者都允许对研究进行审核。在使用这些审核结果时可能会产生争论。这些"弊端"指出了该方法对社会影响的问题，这可能导致新形式的研究伦理学的出现，它将有助于科学和社会之间信任的出现。

7.6 官僚主义在研究中的作用

让-皮埃尔·布吉尼翁认为，官僚主义是一种"病"。对他来说，正常的控制最初对研究是无效的。要想调整控制模式，使其适用于金融实践，我们就必须要采取一些特殊政策来进行处理。按时间表做研究、以结果为导向毫无意义！我们应该找到一些政策，能够让控制适应研究活动。伯纳戴特·穆尔格更看重各类障碍和各种控制的作用，而非财务。她给出了一些例子。

在流行病学中有一条不成文的规定："一个研究项目应在一次流行病结束时开始，在下一次流行病发生前结束。"如果你想做研究，会面临一些限制性因素，如必须请求得到许可，有的请求还与伦理问题有关。不过，大多数情况下，这些请求可能都很费时。

埃尔韦·勒布拉斯开玩笑地宣称：研究领域官僚主义的全球化速度比研究本身的全球化速度还要快。国家研究机构（NAR）便是一个例子。它不管对什么研究领域都设置了相同的规则。这些都是抄袭国外。现在只有预先控制，不再有后验控制。至于研究费用，则不再按学科区分。比如，15万欧元的研究费用可能看起来很荒谬，但在社会科学领域，这可能太多，而在其他领域，则可能不够。

埃尔韦·勒布拉斯用一个例子说明了法国的过度集中主义。他曾受命为法国国家科学研究中心（CNRS）做一份关于研究人员人口结构效应的影响的报告。他必须要让10个小组一起工作。1月10日他们宣布了研究目标，而给中央办公室的报告必须在2月22日前准备好，这一切都是为了确定该机构能够进行多少次招聘。在埃尔韦·勒布拉斯看来，这是"怪异的官僚主义"，并且"缺乏战略眼光"。

最后一点，行动者数量越多，官僚主义越重，金融领域也是如此。

7.7 解决方案：让哲学、诗歌和道德在科学和创新中复位

在埃尔韦·勒布拉斯看来，科学这一宏大的现象曾经与哲学相关，但后来渐行渐远。辛西娅·弗勒里认为，我们越来越多地提议将人文在科学

中复位，但实际上却并未做到！她还提到，要当心，不能让科学偏离道德。

让道德在科学中复位可能有利于开展风险更大的研究或无法得出确定结果的研究。就目前的方法来看，研究人员及其机构在选择研究课题时倾向于承担较小的风险。其结果是，数量较少的大胆的研究获得了资金。

研究人员的生活转变也是一个道德问题。研究工作是由临时工进行的！年轻的研究人员的不稳定性是当今的常态，这越来越迫使他们为"下一份工作"做好准备，因此他们无法专注于长期的研究。此外，我们还观察到一种强烈的心理影响。不稳定性的普遍化对年轻的研究人员的雄心产生了影响，他们更多地参与稳定的可持续发展的研究，而非没有明确未来的科学辩论。辛西娅·弗勒里认为，合理的限度已经被侵犯。

她补充说，一个研究人员不可能一直拥有同样的雄心壮志，这要看他是否能像过去那样适应长期的专业研究，而当前研究所处的不稳定条件则导致他会选择机会主义策略。

7.8 社会 5.0 中的新兴研究

有两个新问题需要我们思考。

问题： 怎样才能促进基础科学，即未经规划的科学？

有些研究人员对这个问题给出了简单答案：只要遴选委员会（Selection Committees）不太保守就可以了。

问题： 怎样才能重视研究人员的贡献？

研究人员之间正在就一个观点达成共识。衡量研究对社会的影响能使研究人员的贡献得到重视。为此，我们有必要成立更大规模的评估委员会，特别应该将同行以外的更广泛的受众纳入该委员会；还有必要引导公众对研究活动产生更大的兴趣。

综上所述，很多国家缺乏雄心和国家研究战略。

7.9 与机遇有关的创新

我们正处在一个拥有社会创新、用户创新、组织创新和节俭式创新的时期。

与其他许多同属经合组织的国家一样，法国在创新领域也遭遇了延误。法国没有应用文化。几十年来，法国企业，特别是以技术为中心的企业，一直以各类支持创新的国家援助计划为导向。所有这些计划都遗忘了"用户体验"，而这正是创新成功的先决条件。这些计划还低估了与社会条件变化（各地的变化不同）相关的各种机遇。

然而，是设计在技术与应用之间建立起了联系，它成为二者之间的齿轮，并提升了想象空间，使目标产生了吸引力。尽管设计这一技术还很新，刚刚开始，但很明显，法国缺乏一种设计文化（Cádiz, 2013）。应该开发各种不同的研究渠道，但这些渠道通常不是欧洲那些负责资助研究的机构所提出的，在其他国家也很少见。表7-3列举了一些创新机遇示例。

表 7-3 创新机遇示例

机遇	示例
人口结构的变化	人口老龄化、黄金年代、银色经济
新知识	健康遗传学
流程的组合	引入电子学和车辆网络
行业变化	药品行业曾经是化学行业，现在正日益成为一个农业食品和生物（生物医学的诞生）行业
市场变化	吃健康食品，拒绝杀虫剂和内分泌干扰物，关系选择，缩短周期

(续)

机遇	示例
感受的变化	焦虑或无聊给感受带来变化，而这正是创新的来源
意外事件	对于一些制造商来说，恐怖袭击催生了安保用品市场。这同样适用于网络和网络安全
不相关性或异类联想	异类联想是指将两个不相干的物品联系起来，从而生成一个新物品。例如，衣柜和冷结合，成为冰箱（1913）
异步性	智能汽车与所需基础设施之间的差距

不相关性或异类联想的概念由阿瑟·库斯勒（Arthur Koestler）提出。它是将两个通常不相关的概念关联在一起而爆发出的产物（见表 7-4）。粗暴转型带来的剧变也会使其他机遇爆发。

表 7-4 异类联想式创新（库斯勒）

类型	元素	示例
行动者	人的足部+鱼	鱼疗
目标	男、女同性恋+婚姻介绍所	专业婚姻介绍所
材料	行人+感应人行道	电力生产
匮乏	缺乏资源+服装	伊默斯（Emmaus）㊀运动
体验	树+酒店	树屋
便利	手套+智能手机屏幕触摸	触屏专用手套

7.10 创新的范式

定义：创新定义为"产品—服务"这一组合的出现，在可行性、可操作性和可取性之间取得平衡。

这种平衡可以通过不同的途径或路径来实现，这取决于对环境和用户

㊀ 瑞典的二手连锁商店。——译者注

的初步分析。只要那些阻碍创新发展的壁垒不起作用，创新能够出现，就可以达到这种平衡。

选择的路径不同，创新的类型可能也不同，见表7-5。

表7-5 不同的路径和产品—服务示例

路径	示例
使用/社会环境	餐馆露台外部的散热器是通过利用完全成熟的现有技术，对社会变化（禁止在公共场所吸烟）做出的反应
使用	城市终端的自行车租赁
技术	加热型玻璃使透明散热器或复合散热器成为可能。碳纤维复合材料可用于生产技术型自行车
可取性/认可/欣赏	用作豪华内饰的散热器艺术品和设计自行车能激发一个社群、一个世界

7.11 设计思维

设计思维是在寻求一种能带来竞争优势的妥协。它是逻辑与直觉，甚至是营销哲学之间的平衡。设计阶段是：

- 逻辑或分析推理的结果，是一个受控的、可控的结果。
- 直觉思维的结果。

设计是为了得到符合使用目标的产品或服务。为实现这一点，仅仅确定产品或服务应该是什么样的还不够，还需要想象它们可能是什么样的。不同的产品或服务可以实现相同的创造价值的功能。

在工业领域，一个有竞争力的设计过程涉及所有参与者并行参与。创造、生产和分销这三个阶段是"共同创造"的标志性步骤，是"共生"社会的一个特征。在这种方法之下，价值链上的每一个参与者都与其他人分开，各自工作，并协调各自的成果。为这些设计团队创造合作的沃土往往很有必要。

定义:"设计思维是一门运用敏感度、设计师工具和方法的学科,它帮助跨学科团队通过满足用户期望、实现技术上的可行性和经济上的可持续性来进行创新。"⊖

设计思维的方法论基础是现有方法的巧妙组合。这种方法类似于通用电气公司(GE)在20世纪80年代提出的创意步骤。我们可以通过一个个不同的里程碑来总结设计思维的方法。

7.11.1 第一阶段:确定问题并了解其环境,"观察期"

这个启发阶段从不同的角度质疑问题。参与者通过使用类比法,将探索扩展到相关领域,进行观察、分析和综合。

该阶段旨在理解问题,然后将其重新定义。参与者对词源、定义和用途提出质疑。艺术、人文和社会科学、商业和技术都得到应用。

观察是指"观察人们做什么、不做什么,注意倾听他们对什么保持沉默"。对环境做出定义是很有必要的。有时,为获得更多信息,表现出同理心很有用。

7.11.2 第二阶段:寻找能够找到解决方案的概念或想法,"构思期"

构思是一个概念化的阶段,它有助于参与者产生想法、评估机遇及选择要发展的轴心。该阶段涉及设计能体现这个概念的形式。

7.11.3 第三阶段:设计

设计阶段需要确定任务。该阶段需要对用户、用途、与可行性相关的背景以及所涉及的经济方面做出定义。

该阶段使用的工具是基准分析、讲故事和画布。

⊖ 这是由蒂姆·布朗(Tim Brown)提出的设计思维定义。

7.11.4 第四阶段：建造模型和原型

建造阶段指的是对模型或原型进行定义。要做到这一点，我们可以使用6W2H法，见表7-6。

表7-6 6W2H法

问题	子问题	示例
谁（Who）？	谁、和谁、代表谁……	责任人、行动者、主体、目标……
什么（What）？	什么、用什么、与什么有关……	工具、对象、结果、目标……
哪里（Where）？	哪里、从哪里来、到哪里去……	地点、服务……
何时（When）？	自何时起、用多久、在什么时间框架内……	日期、周期性、持续时间……
如何（How）？	以何种方式、处于何种条件、利用何种步骤……	过程、技术、行动、一般使用材料……
多少（How Much）？	在何种程度上、涉及多少价值、何种剂量……	涉及的数量、预算……
为何（Why）？	原因、诱发因素	导致……的理由和原因（背后的"原因"、信仰）
为了什么（What For）？	原因、目的、目标	以欲望、野心、预测为理由……

7.11.5 第五阶段：评估阶段或"评价期"，以及实施阶段

评估阶段是为了和用户一起测试概念而设立的。在该阶段，参与者进行实验并使用与测试相关的原型。他们使用了不同系列的原型。第一个原型是一个可升级对象：第一个非常简单，最后一个几近最终产品。参与者会视该原型进展情况，将其用于展示、解释、测试、说服甚至做演示。原型设计仅限于产品或实体原型，它是项目的视觉表现。

在评估阶段，可取性、可行性和可操作性因素得到了验证。

实施阶段：结束、评估与部署。

在实践中，设计思维的工作可以围绕三个逻辑进行：

- "共同创造"的逻辑，与"共生"社会有关。
- 直觉阶段和分析阶段交替进行的智力方法。
- 实地研究（置于情景中或直接观察等）补充（或取代）定量研究。

该方法采用开放式或封闭式逻辑。这意味着参与者要先进行发散，从而生成一些选择（创造性），然后进行融合（执行上述选择）。参与者要循环进行几次融合和发散，每一次循环都比前一次更详细。

7.12 创新的风险

许多学者已经研究过创新带来的风险，并且将这些风险进行了分类，见表7-7。

表7-7 创新的风险

风险类型	思考
执行	能否开发、生产、分销新产品或新服务 能否按预期部署支持功能
技术	产品或服务的性能能否满足消费者的期望
营销	产品或服务在价格、数量和市场传播期上的接受度如何
生态系统	需要共同创新，例如智能手机和应用程序
采用链	当产品使用链要求有其他行动者加入时，会出现风险

采用链风险是一种新型风险，也与生态系统有关。最常为人引用的例子便是米其林轮胎，有了它，人们可以开很长时间车而不用考虑修理轮胎，但这需要专家使用一些特定设备，于是人们便拒绝了。

7.13 托马斯·爱迪生的教训

创新涉及一些决策,第一个决策便是要了解未来我们要创建什么类型的企业。这就产生了三个基本问题:

- 如何创造价值?
- 如何能对客户有用?
- 该进行哪些沟通和游说行动?

这往往导致商业模式的改变。托马斯·爱迪生说过:"电力不是能源,它是一种运输能源的手段……"这意味着灯泡并非重要发明,重要的是创建发电站、建造输送电力的电线以及鼓励城市采用电力照明而非煤气照明。这个例子很有意思,因为城市创新也成为家庭的创新。智慧城市的创新将在家庭内传播,这一点很容易理解。智慧城市之所以是社会 5.0 的一个关键点,正是由于这个原因。

第二个决策与迈克尔·波特(Michael Porter)的五力模型有关。对爱迪生来说,这意味着选择碳作为灯泡的灯丝,而不是铂。碳更便宜,更好操作。

第三个决策涉及经济:经济比技术更强大,只有先到者才能获胜。这里要讲一个专利保护方面的例子。约瑟夫·威尔逊·斯旺(Joseph Wilson Swan)是最先发明灯泡的人。爱迪生意识到电力是一种创新,可以与煤气竞争。此外,爱迪生有丰厚的资源,可以起诉斯旺侵犯他拥有的专利。如果某项创新最终被证明是伟大的,那么占上风的是经济,最近的创新也证明了这一点。优步是一家代驾租赁公司,目前亏损巨大,但为了获得更大的市场份额,该公司维持其低价服务。尽管该公司出现财务赤字,但我们不能指责其亏本销售,因为它通常以高于支付给司机的价格出售服务。这同样适用于有驾驶押金的连锁店。

第四个决策是让消费者兴奋或使用病毒式营销。爱迪生对他的发明进行了公开演示，以便说服公众和金融家相信他，并让他们等待。创新技术的主要参与者会公布其产品，即使他们后来放弃了这些产品。为此，他们会展示其产品，或者把一些展示单元留给公司，以期创造一个生态系统。

第五个决策是进行创新，并将其打造成标准和平台，而非单纯的产品或流程。我们应该毫不犹豫地允许竞争对手获得这些标准以及产品或服务的多个来源。标准之争——VHS 对 Beta、HD DVD 对蓝光光碟——并未使我们能够冷静地开发这些产品。这也是目前智能汽车面临的一个问题。

做一个熟练的管理者是创新的基本要求。如果我们缺乏这种"感觉"——这是无法学来的——就有必要在这个方向上寻求帮助。因此，爱迪生申请封锁专利（纠察专利申请）来保护他的主要专利。管理技能还涉及对负责创新的团队的管理以及商业模式管理的灵敏性。这种灵敏性是指设想一个产品何时以及如何会被淘汰。按照库斯勒的异类联想原则，目前，发光二极管（Light Emitting Diodes，LED）正将古老的技术应用于新用途并取代传统的灯泡。

LED 作为一种照明源，很典型地说明了社会 5.0 对可持续性的追求。

7.14　创新的方法

社会 5.0 需要一个帮助企业推出产品或服务的方法。这基于一套使用数据的工具。

7.14.1　与产品或服务的产生有关的初步问题

我们需要在规则上就这些初步问题达成一致，并最大限度地利用现有信息。

在该阶段，我们要同意或接受某些要点。第一个要点是要知道谁会是项目启动的最终决策者或决策回路有哪些特点。在该初始阶段，我们需要设想一个暂时的商业方案，并对可能发挥作用的商业模式形成一些想法。

我们必须将新产品或新服务与现有的产品或服务进行比较——可以是竞争对手的，也可以是公司内与其相似的产品或服务。在这一点上，我们有必要使用数据和预测的方法来探查客户的潜在需求，也可以利用现有需求。接下来，我们要就可靠性对质量和成本的影响做出决定。这里谈的是必要的可靠性，从它可以推导出产品已经过时，有时也可推导出与强制淘汰有关的决定产生的结果。

图7-5的预期菱形图代表不同的方法。

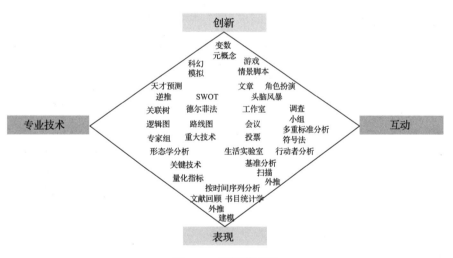

图7-5 预期菱形图

这些方法的优点是被整合到了软件中，易于实施；缺点是由于需要特定人员操作且需交纳应用程序的许可费，很难在小企业中使用这些方法进行相关的数据收集。

7.14.2 创新产品服务还是创新工艺?

选择创新产品服务还是创新工艺在社会 5.0 中至关重要。这是某些领域的断裂或范式转变的根源。

7.15 创新中的人

除了在知识与技能方面的积累,现代人与几百年前的人并无太大区别。

7.15.1 创新企业的人力资源

在许多公司,人际关系与企业文化密切相关。虽然这种关系在家族企业中仍然广泛存在,但将企业文化建设与人际关系联系在一起被视作初创企业的灵丹妙药。大企业也在努力维护这种形式的企业文化。企业若要保持创新态势,就要在数字导向和寻找企业核心的人文因素之间取得平衡。这个话题很广泛,本身就可以写一本书。

7.15.2 对无聊社会的回应

社会 5.0 也是对无聊社会的一种回应。无聊社会是社会 5.0 的特征之一。社会 5.0 的无聊是数字化(信息技术 2.0)和新的生产模式(工业 4.0)出现的结果,它们本身对减少必要的工作时间产生影响,因此使人们的自由时间增多,也使失业增多。无聊这个问题之所以产生,是因为无聊无处不在。

7.16 无聊的各种形式

米兰·昆德拉(Milan Kundera)将无聊分为三类。被动式无聊是指当我们因缺乏兴趣而打哈欠时出现的那种无聊。主动式无聊是指当我们为打发闲暇时间而做体育运动或参与文化类活动时出现的无聊。反抗式无聊是指在郊区放火烧毁汽车、毁坏汽车时出现的无聊。

居斯塔夫·福楼拜（Gustave Flaubert）曾经阐述了普通无聊和现代无聊之间的区别，前者与人类进化的情况有关，后者则是存在性的无聊。现代世界引入了其他形式的无聊，有些人将其与工业经济的出现联系起来。因此，马丁·多勒曼（Martin Doehllemann）区分了四种类型的无聊。在等人、等火车或等公共汽车时产生的无聊便是典型的情境性无聊。饱和性无聊是指总是发生相同的事情，一切都变得司空见惯。只要灵魂空虚，就会出现存性无聊。创造性无聊的特征则更多地体现在内容上，而不是结果上——我们想去做一些新事情，却感到被约束。我们的分析以这种分类为基础。

情境性无聊很好辨别，因为它的表现是打哈欠，是不耐烦。情境性无聊往往显示体验上的贫乏，缺乏"补偿对象"。在这种情况下，手机便成了"补偿对象"。人们可以用手机给亲戚打电话，还可以在等公共汽车时或在地铁里玩手机。情境性无聊往往是一种情绪。

人们特别喜欢新奇事物，喜欢认识新朋友，这样就能摆脱"一成不变"的单调感，这种情况就属于饱和性无聊。希腊语中有一个动词，指的是无所事事，它来源于一个饱食终日、贪得无厌的国王，但并不完全对应无聊的意思，这个词就是 koros。我们采用"koropathy"（餍足症）一词来定义这种疾病，市场营销通常可以治这种病。

存在性无聊总是与情绪基调相联系。我们了解这种情况，但正因为我们存在，无聊便产生了。在这些情绪基调中，未来或世界似乎有着无限可能性。当这个领域缩减或受限，甚至减少到只有一种可能性时，无聊感就会出现。

时尚作为对创造性无聊的回应，除了"新"之外，并无其他品质或功能。一个物品的质量取决于这个物品的类型,没有质量的物件等于没有身份,很快就无法使用。品牌效应之所以对时尚物品而言很重要,就是由于这一点。没有品牌,物品就无法被识别;由于总是处于不断变化之中,其身份可能消失。表7-8列举了应对不同形式的无聊的产品或方法。

表7-8 应对不同形式的无聊的产品或方法

无聊的类型	产品或方法
情境性无聊	在公共交通工具上把手机当游戏机来打发无聊
饱和性无聊	频繁变换风味酸奶的口味
存在性无聊	汽车或服装,因为它们代表了一种社会地位、一种识别形式
创造性无聊	消磨时间的小玩意儿,如视频游戏

7.17 越轨现象和超越现象

为讨论这个话题,我们可以用弗洛伊德心理分析的各个阶段来考察我们的观点。对越轨和超越这两个术语做出精确定义非常有用,因为这二者作为应对无聊的方式,既简单又阴险。我们可以将它们放置于肛门期。考虑到这一点,市场具有母亲在孩子口唇⊖期表现出的所有特征。

定义:越轨是指纯粹的、简单的越位,是对界限的突破。无论是适度的还是激进的,越轨行为都在同一水平。大吃蛋糕和酗酒都是越轨行为的例子。

定义:超越意味着质的飞跃,即转换为其他事物。

那些在音乐会上获得近乎宗教般的体验的人,为了成为一个"上瘾"

⊖ 弗洛伊德将人格发展划分为五个阶段,即口唇期、肛门期、性器期、潜伏期和生殖期。——译者注

的音乐家，已经接近超越了。电子产品——从音响到电脑——都是真正超越的来源。我们属于"麦金托什"（Macintosh）教派，我们只忠于"索尼"（Sony），等等。

越轨和超越是社会5.0的核心要素。正是因为我们违反了出租车公司的惯常规定，代驾公司才应运而生。如此看来，优步所应对的市场与最初出租车应对的市场相同。

里昂德将母亲的角色与市场进行了比较。人们只需依赖市场就足够了——不要错过任何东西。它满足人们的所有需要和全部需求。市场给予人们饱腹感，滋养着人们。在这个阶段，研究者只考虑了需求和需要，之所以如此，是因为他们忽略了欲望和期望。

7.18 无聊源于丑陋

丑陋论在理论上可以分为统一性的风险和缺乏和谐。

7.18.1 统一性的风险

在17世纪，寓言作家胡达尔·德·拉莫特（Antoine Houdar de la Motte）指出：无聊源于整齐划一。在一本1853出版的专门论述丑陋美学的旧书中，卡尔·罗曾克朗茨（Karl Rozenkranz）把无聊描述为丑陋。如果这位作者没有提出无聊通往谐谑，本书将无足轻重。相比之下，美可能使我们忘记时间。与此同时，阿尔弗雷德·德·维尼（Alfred de Vigny）认为：无聊是一种病，热爱美丽的事物便是治它的药。

如今，各种形式的无聊是由于生产的大规模化而产生的，对抗无聊的方法之一是大规模定制。

只要让消费者产生能拥有定制物品的印象就足够了。这方面的例子有很多。让我们观察一下可口可乐：仔细看，你就有可能找到一个印有自己名字的瓶子。对于重视该物品的买家来说，这种搜寻让他们又有事可做。耐克运动鞋也是可以定制的。某些品牌的服装会对服装进行重新染色，并在洞口贴上刺绣。雪铁龙已经宣布为其 DS3 提供超过 300 万种车顶、车轮、车身和仪表盘组合。一些糖果商正在推出个性化服务，这要归功于安装在他们商店的食品 3D 打印机。M&M's®公司也开始定制其糖果，在上面印上简短的文字或图片。

7.18.2　缺乏和谐

古典时期人们令美丽的事物产生愉悦感，将和谐的理想拓印到社会层面。于是，丑陋便破坏了和谐。丑陋同时还是失衡、不对称、恶俗。马克·奥热（Marc Augé）将和谐体系定义为这样的情况：源于亲子关系和后代关系的规则与居住地和本地化的规则相吻合。

这种方法与市场营销中引入的社会学和人类学的观点相一致。

和谐还提出了其他问题。很多学者认为，我们生活在一个充满猜疑的社会里。正因如此，和谐的概念会引起不信任。维吉利认为，在道德领域，我们需要不惜一切代价获得和谐，但他不知道自己这个想法正确与否。和谐并不意味着融合，这太令人困惑了。和谐更可能指的是两种元素、两种不同个性的共鸣。越是与众不同，就越有机会处于和谐之中。可能正是由于这个原因，营销中的差异化被推到了极致，以至于出现了著名的"一对一营销"——差异化被推到了极限，从而达到和谐。

7.19　寻找平衡点

正是有了创新精神，产品或服务才会诞生。但将这一愿景转化为现实则更为复杂。新产品或服务是下面这些因素之间微妙而复杂的平衡的结果：

- 该产品负责人的个人创造力。
- 企业的灵敏度。
- 企业内部的品牌天才。
- 与关于客户的知识有关的业务要求。

社会 5.0 中的产品和服务的成功，在于对有关这种平衡的数据的收集。

7.20 作为技术解决方案的设计

设计方法学提供了一种在技术上应对无聊的方法，是对可取性和可行性的同时回应。

7.20.1 工业美学与设计法则

与设计有关的基本概念和基本问题在《工业设计宪章》（*Charter of industrial design*）和工业设计研究所（Institute of industrial design）的创始人琼·维纳特（Jean Viennot）给出的定义（1953 年）中都有解释。

定义：工业美学是在工业生产领域中关于美的科学。它包括工作场所与环境、生产工具和产品。

这个定义没有考虑到服务型社会，而这正是社会 5.0 和工业 4.0 的特征。《工业设计宪章》由商品或服务的生产必须遵守的法律组成。

定义：经济学法则的目的是使经济利益与所使用的手段和材料相结合，前提是不损害作品的某功能价值或质量。该法则被置于宪章的首位。

它对于社会 5.0 的生产设计至关重要。低成本服务设计在航空运输中尤其蓬勃发展，因此我们很容易理解其重要性。

定义：功能价值法则是指工业中美的概念必然意味着作品要适合其功能。

换言之，产品或服务的生产必须是为了实现某种功能，即便后来产品被不当使用。

定义：统一和构成法则是指为形成一个和谐的整体，各部分必须在设计上相互配合，并在整体上发挥作用。

定义：外观和使用之间的和谐法则是指在无购买兴趣的观众所感受到的审美满足感和为使用产品或服务的人提供的实际满足感之间，永远没有冲突，总是处于和谐状态。

定义：风格法则是指作品是有其正常期限的，作品的美学特征必须考虑这一点。如果一件有用的作品的设计不受时尚的影响，就可以声称其具有持久的美学特征。一段时期的审美特征往往因循行成其表现形式的风格。

定义：可升级性和相对性法则是指工业美学并不呈现出明确的特征，而是在不断演变（进步及技术发展）。

定义：品位法则是指工业设计要表现在结构、形状和比例的平衡上。

定义：运动法则是指那些被设计为能自己运动的物品在运动时实现了其美学的基本特征。

定义：等级或目的法则是指工业设计不能忽视物品的生产目的。

定义：商业法则是指工业设计在市场上应用时，最大数量买家的法则不能推翻工业设计法则的价值。

定义：诚信法则是指工业美学设计要诚实、真诚地选择所用材料。

定义：所涉及的艺术的法则是指工业设计及作品结构中的艺术思想的整合。

7.20.2 设计需求的演变

自从考虑到重大创新后，设计的来源便发生了演变。社会5.0对设计这种与工业革命有关、与生产有关的活动重新加以利用（见表7-9）。设计因其过程中出现终端用户而发生重大改变，为社会5.0做出贡献。

表 7-9　社会 5.0 内的设计演变

社会 5.0 之前	社会 5.0
大规模生产	适应客户的产品生产
与大众市场有关的产品	与市场优化有关的产品
与政治、历史和技术背景有关的活动	超越特定背景的全球产品
与对技术做出反应的连续性游戏有关的活动	考虑各种技术的存在，使用这些技术

社会 5.0 对设计的回应可能有几种形式。

一种形式是对工业文明简单、彻底的拒绝，并试图回到一个想象中的社会，比如可以在饲养技术中使用快速养殖法。我们可能更进一步，重新引入马作为运输工具，实现回到过去的梦想。"复古"时尚可以表现这一形式，不过这往往只是表面现象。

另一种形式是了解技术提供的新的可能性，并使用设计师的方法来推出新的产品和服务，这种方法更符合社会 5.0 的期望，被称为"中庸之道"。

终极的形式似乎是实现理性美，这往往并不太客观，而是与承诺联系在一起，比如这样的承诺：用了某种减肥餐或瘦身霜，人体就可以变得更美。

总而言之，我们可以把设计看作这样一种态度：

- 使物品通过其功能进行交流。
- 使用一些过去无法使用的新材料。
- 使用机器来创造更多的功能形态。

在所有这些情况中，设计都为创新做出了贡献，但设计并不是创新的来源。它的存在是为了应对无聊，特别是与产品的形状有关的无聊。

7.20.3　先前一种理论方法在设计中的使用

形式理论符合当今消费者的品位，而符号学使形式理论有了意义。形式理论可以分解为三种：

- 造型。
- 形式论。
- 功能主义。

形式（格式塔，Gestalt）理论是一种将感觉与知觉分开的理论。这种理论是一种整体的理论，形式就是一切。即使形式不完整，感知也占优势（三角形的例子）。

定义：格式塔法则或换位法则是指形式可以被换位。如果这些换位不改变形式的结构，该形式仍然可以被识别。

定义：形象-背景法则是指形象成为一种与背景有关的参照。在一个异构领域中，形象给出了轮廓，并与背景区分开来，给予特殊方向，并且是有组织的。

定义：统一分离法则是指一些组件能被自发识别。方向、距离或元素的相似性使其成为可能。

定义：正确形状法则是指简单的几何形式很突出，引人注目。

在早期移动电话时代，消费者很难想象手机会没有天线。手机上之所以被加上天线——即使天线没有任何功能，正是出于这一点。

定义：优先法则是指我们可以借助一些"定型"（垂直性等）来区分什么是重要的、什么是次要的。

基本理论对以下三个层面进行了区分：

- 句法层面，由形式、颜色、质地、味道和元素的布局来代表。
- 语用层面，代表对产品或服务的兴趣，通常被视为其使用价值。

- 语义层面，由文化、习惯和对赏心悦目的时尚的表现组成。

费尔迪南·德·索绪尔（Ferdinand de Saussure）在他的一般语言学课程（1916 年）中、C. S. 皮尔士（C. S. Peirce）在他的关于符号的一般理论中、罗兰·巴特（Roland Barthes）在他的图像修辞学中都曾对符号学做出解释。他们的想法是从三个方面分解符号的概念：设计及其语义层面；形式论及句法层面；功能主义及语用层面。

在设计层面，占主导地位的是产品的象征价值。因此，绘图是最重要的一点。其目的是为了突出产品的外观。其作用是在视觉上吸引消费者。

就形式论而言，物品的形式布局优先于其他要求，如工业标准、几何学的重要作用以及简单形式的选择（包括圆形、方形等）。

功能主义是由沙利文（Sullivan）提出的。形式服从功能（1896）。产品是由其功能决定的。功能主义是对纯美学的一种谴责。沙利文鼓励施行严格、守纪的思想。形状是多种功能共同作用的结果，其中有用性占主导地位。

正是实现了这三种方法之间的平衡，产品才会被社会 5.0 的消费者所接受。

7.20.4 审美成分

但是，我们不能摒弃产品或服务的审美成分。

审美成分与习惯、知识、文化和宗教之类的文化因素有关。审美是相对于文化因素而言的。例如，东方审美视角可能对应于空间差异。由此产生了这样一个思想：符号可以起重要作用。

历史因素构成了这种审美的一部分，但它在本质上与背景有关。历史因素是由物品与历史时期之间的关系决定的。例如，随着居民楼里厕所的广泛使用，夜壶就过时了。这些因素在与物品的各类的关系中起着重要作用。技术提出了对这些物品的需求，其存在本身就是一个历史因素。例如，电动汽车的发展需要充电站。在历史因素中，我们有必要考虑前几章所述的技术路径现象。

技术因素以最先进的技术贡献、其可及性和可接受性的形式表现出来。技术因素与当时的技术文化的作用有关。铁就是个例子，布鲁塞尔的原子球塔便代表了铁原子。这些因素在社会、物品和其他相关服务之间创造了一种关系。现象周期就是这样产生的：物品改造社会，社会生产物品。这些循环与经济学有关。

社会因素建立在各种价值的基础上，如外观、身份、符号、时尚和沟通度。社会因素与象征功能的作用和时尚的影响密切相关（罗兰·巴特）。在媚俗文化中，社会价值被提高，对"人造"的推崇致使假货横行一时。我们可以利用生活方式和社会计量学等工具分析社会因素。

和谐因素直接与比例、协调性、节奏、结构、统一性和元素的布局等概念相联系。这些都与产品的句法层面有关。从和谐的角度看，形式并非各部分的总和，而是一种由几个变量组成的功能（格式塔心理学）。和谐关系取决于对构成产品和服务的基本要素的永久性选择。

功能因素包括形式、功能、耐用性或陈旧性、适应性及所采用手段在经济上的可理解度。功能因素的根本是形式和功能之间的契合。这里还有个可理解度的概念：功能及用户对功能的感知很重要，但这会导致产品有平庸化的风险。类比的概念很有用。设计用具有相同功能的元素建立起形式上的类比。除此之外，还有个同源的概念：各种形式具有相似性，这是一种形式上的继承。

7.20.5　社会计量学和同源性的影响

社会计量学和同源性截然不同，但都有社会影响。

"社会计量学"一词由维也纳的弗朗茨·夏弗·冯·诺伊曼-斯帕拉特（Franz Xaver Von Neumann-Spallart）教授于1887年提出。社会计量学是一门科学，它使衡量人口的经济和社会状况成为可能。它被定位在社会学和政治经济学之间，前者过于定性，后者则难以对个人及其关系感兴趣。奥古斯特·希拉克（Auguste Chirac）在1905年发表看法，认为社会计量学这一方法旨在突出经济现象和道德现象之间的相互联系和紧密团结。在下一阶段，该方法意图进行预测。同时，精神病学家雅各布·列维·莫雷诺（Jacob Levy Moreno）在对一篇社交网络的分析中也提出社会计量学的方法，它在社会心理学领域的应用更广泛。

定义：社会计量学是对一个群体在某一时刻和某一特定情况下的人际关系的研究。

社会计量学中使用的基本概念是社会原子。这是对个人的定义，个人并非一个单一的存在，而是一个关系网络，个人既是这个网络的出发点，也是目的地。

定义：社会学能代表某个群体内的个人之间的吸引和排斥关系。

最重要的是，莫雷诺将社会计量学和社会图视为从定量角度衡量行动的工具。社会学的目标是实施重组行动并力争见效。在当今，这些方法都被用于分析社交网络中的各种关系。

"同源性"一词来自进化生物学。

定义：同源性是指在两个不同物种身上观察到的两个特征（典型特征、解剖学特征）之间的进化联系，这种联系源于两者从一个共同的祖先那里继承了这些特征。

这些共同特征具有"同源性"，因为它们都具有解剖学、分子（蛋白质）或遗传（DNA）等方面的特征。在创新领域，有些元素是同源的，因为它们都在历史上确立了下来。计算机的键盘和目前的便携式计算机都起源于打字机。铁轨的轨距与同一时代的马车车轮的间距相对应。同源性使我们更容易接受技术变革所带来的重要转型,无论是用户推动的(使用第一台文字处理机的秘书)还是生产力推动的(铁路的例子)。这就是对前文所述技术路径现象的运用。

7.21 设计的来源和形式

设计的意愿来源于其在企业中的不同功能(见表7-10)。设计是为了创造新产品,但不一定是为了产生创新。这样就出现了一个问题:"最初的想法从何而来?"在设计这个行动中,社会5.0所提供的数据的存在促进了其实施。一个重要的设计形式是混搭。我们将在后面详细介绍这个概念。

表7-10 设计意愿的来源

在企业中的功能	示例
方向	了解小众市场,以便在理念或意识形态方面开展工作
研究	由研究中心进行的创新或改进,也可从企业外购买
竞争	变体或副本
营销	确定需要 愿望、期望、需求 对现有产品进化的要求
融资	强制过时,这样可以增加收入或排除竞争对手(让竞争对手的产品显得同样过时)

产品的起源取决于优先事项、战略、政治和企业的文化。常见的起源形式有四种:市场驱动、产品驱动、技术驱动、竞争。在社会5.0中,这些形式仍然存在,但必须增加另外两种与合作有关的形式,见表7-11。

表 7-11　产品的起源及其不同形式

起源类型	思考
市场驱动	市场向我们要产品，或者为了解这一需求，企业对市场进行研究
产品驱动	创新是在进行四个阶段的研究后开展的：确定用途或潜在用途、在潜在用途和潜在客户之间建立一个矩阵、寻找细分市场和目标、定义商业产品
技术驱动	利用技术发展
竞争	对竞争对手的攻击做出回应
买方与生产方的合作	买方参与对产品的定义（在企业对企业报价中属"正常"情况）
生产方之间的合作	生产方要么为分担成本而合作，要么等待，因为 A 在 X 国生产的东西，B 在 Y 国也生产，反之亦然

7.22　产品或服务创新的其他标准

这些静态目标可能会与一些常见的问题相对立。使用标准这一概念经常被用来分析某个技术工具的相关性。这些标准包括可接受性、可获得性、可学习性、可用性和实用性，见表 7-12。

表 7-12　产品或服务创新的其他标准

术语	内容
可接受性	它是对我日常生活中某个需求的回应吗？
可获得性	我真能用上它吗？
可学习性	我可以尝试着学会使用它吗？
可用性	我可以在什么条件下使用它？
实用性	我可以用它来干什么？

第 8 章

社会 5.0 中的创新

社会 5.0 中的创新的特点是范式和管理体制的改变。创新发生了变化。突破性创新和渐进式创新之间的辩论不再有意义。社会 5.0 的特点是：

- 服务创新或"服务化"：这是一种经典的社会创新。
- 开放式创新：这种创新是共享的，以便有利于其发展，一般通过平台的方式进行，这是一种相当特殊的社会创新。
- 节俭式创新：其特点是以较少的资源取得更多的成果。

这些创新完全与库斯勒的著作中描述的创新相对应。它们与"双联想行为"（Bisociative Act）有关。正是创新这条纽带将此前一直保持独立的各参考体系骤然连接起来。这一纽带使我们同时在几个平面上看到并理解现实，这可能会有几条路径，甚至是传统路径。

8.1 创新型产品或服务

我们应该考虑一个产品从产生创意到商业化，再到之后被客户接受这些阶段，以及各阶段的影响。

8.1.1 创新过程中的损失

从初始想法到产品或服务被客户接受的过程中，损失确实是很重要的考量因素。各种不同研究都对损失系数进行了评估。

图 8-1 给出了一个例子。

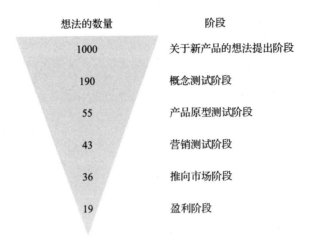

图 8-1 从初始想法到产品或服务被客户接受过程中的损失

上面这种计算方法很常见,它得出的比率是 1/50。人们往往将想法和产品这两个概念混淆。比如,制药行业经常会将某种全新的有效分子用于研发某种药物,然后抱怨该行业的失败率,其实这再正常不过了。在孵化器中创建的初创企业也是如此。

舍布鲁克大学(University of Sherbrooke)的雅克·巴罗内(Jacques Baronet)在他的课程中使用了图 8-2,这是他对一组企业进行研究的结果。

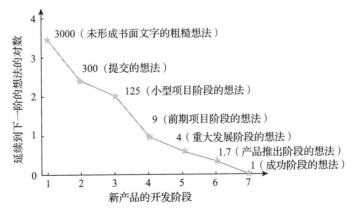

图 8-2 从原始想法到最后成功的进化过程(雅克·巴罗内)

比图 8-1 更悲观的是，这条曲线得出的比率是 1/3000。

8.1.2　新产品或服务的验证问题

关于一个新产品，如果能回答下面三个问题，那么它就得到了验证。

- 这个产品有用吗？
- 这个产品卖得好吗？
- 这个产品赚钱吗？

首先，产品应该与公司或组织的总体战略相一致。其次，一个新产品还应该对制度的目的之一（效率）或财务目标（盈利能力、财务回报、生产力）做出回应。最后，新产品应与营销或管理阶段相协调。我们考虑的关于产品的问题都很具体。

在这三个问题的基础上，我们应该再补充一个社会 5.0 中出现的新问题：可以依靠哪些数据以及如何收集、分析这些信息？

8.1.3　改进产品

我们经常受到驱动去改进一个现有的产品或服务，这取决于：

- 需求的演变（消费者的变化、购买力的变化、时尚的影响）。
- 经济运行方式的变化（从效率机制转变为效益机制，或者相反）。
- 供应的演变，特别是由于竞争的变化而引起的演变。
- 各种收集数据的新的可能性。

同样，财务参数（生产力、财务回报或利润率的提高）、季节性现象、过时的影响或重新确定企业身份的意愿，都可能成为改变/改进产品的重要原因。

8.2 范式的转变

社会 5.0 的特点是创新发生了重大变化。可持续创新实际上反映了众多扰乱性情况。基于科学知识的线性演变的创新不再突出。正因如此，可持续创新既表现为社会创新，也表现为节俭式创新。它与混搭概念的关系越来越密切。

定义：混搭是一种程序，通过这种程序，从一个或多个外部来源提取的信息和知识被聚合或重新处理。混搭行动通常利用开放数据，从信息的发布者或原始所有者那里获得信息。

为实施混搭，有必要在目标领域拥有足够的开放数据储备，开放数据对于建设社会 5.0 的重要性则不言而喻。网络是开放数据的来源之一，对企业的绩效有影响。

在此对可访问数据的概念和自由数据的概念做一个区分是比较方便的。自由数据可以被他人访问和使用，这意味着它们未受到特别保护。自由数据的可访问度分为不同级别。

创新性提问通过以下方式力求创造新奇：

- 实施以用户为基础的创新。
- 管理开放式创新。
- 实施系统性创新流程。
- 创造实验性混搭（或关联）。

创新不稳定、不确定、复杂、模糊，因此很难预测未来。社会 5.0 是一个"职业社会"，我们看到，重大创新与新企业密切相关，而非应用于现有产品或服务。平台经济就是这方面的一个例子。虽然拼车确实是在 20 世纪 70 年代通过"大字报"这类海报诞生的，但后来的杂志和报纸广告、互联网及拼车平台广泛传播并简化了这种共享经济服务。

"大型偏离"使竞争成为可能,这些偏离将进步从一个行业转移到另一个行业。正因如此,创新取决于使用或受益于它的人的观点。创新需要连接,需要与现实的开放互动。它是不可控的,但在相互连接的系统之间存在着点火和催化剂效应。

定义:点火是指一个想法、产品或服务被"点燃"或在某一时刻被提出来的过程。

定义:催化是一个过程,指的是通过使用"催化剂",进行加速、重新定向或选择。

催化作用一词源于古希腊语的 καταλυσις,即 katalysis。选择性使得用一种专属方式引导反应成为可能,这种方式之下创造出来和进行传播的是某一种产品,而非另一种。生活实验室、Fab 实验室和孵化器这些都是催化剂。

社会 5.0 需要新的创新空间,在这个空间中,人脉发挥着决定性的作用。正因如此,与创新者关系紧密的人并非"发明者",而是:

- 管理知识和技能库的策展人。
- 沟通者,也就是说,能够创建各类关系和纽带的人。沟通者是按照双联想的逻辑开展工作的。

8.3 混搭的形式

情况不同,混搭的形式也不同。这些形式是实施新的信息范式的结果。

问题:如何获取技术以创造新产品?

这里可以提一些获取新技术的途径:

- 在企业内部提升创造能力。这个方法的缺点是成本高、费时。

- 收购掌握有关技术的企业。这种战略有风险，主要是因为成本过高，并且难以整合新团队。相比之下，那些寻求技术转变的大集团更多地采用这种方法，例如收购新创企业。
- 签署合作协议，但有必要就合同的所有条款和实施手段初步达成全面协议。为实现这一目标，企业也可以成立一些合作机构。
- 签署外部研究合同，但这个方法会受到新发展所遭遇的隐秘的困难的限制。
- 为规避知识产权保护措施、商标和专利，公然复制和调整产品或服务。

这些不同的途径都有问题，都有一些缺点。只有一个方法缺点最少，那就是通过购买许可来获得技术。

8.4 "共生"社会

前面所描述的创新演变的主要影响之一便是"共生"社会的诞生，这是社会5.0的特征。我们将在后面详细分析这一演变。

创新是一种协同。大型集团和初创企业比以往任何时候都更协作。首先，这要归功于各种流程和经过测试的工具能够汇集在一起。这样，大型集团的惊人力量与初创企业的敏捷性和适应性就联系在了一起。共同建设和共同加速是相互关联的。越来越多的引发点火效应的场所（通常称为加速器）证明了这一点。大型集团正在开展自己的数字化转型，并开发专用的产品和服务，这些都是从年轻的创新型企业中吸取的经验。

8.5 信息共享

正如我们刚才所描述的那样，创新共享是建设"共生"社会的一个必要条件。这种共享体现在多个方面,可能会采取不同的方式。

创新团队中应该有足量的信息共享,但也不能过度沟通。交流匮乏会产生家族、俱乐部和小团体等组织形式。此外,缺乏沟通还会孤立一些团队。过度沟通则会导致群体思维。这意味着要么采用团体内部他人的愿景——一般都很平淡、没有前途,要么选择竞争对手的想法作为障眼法,但最终会使竞争对手处于更有利的地位。如果每个人的想法都一样,最终会降低原创性,从长远来看,也会削弱创新。

8.6 社交网络、互联网与创新

社交网络和互联网是加速企业业务的工具,其目标是公司董事、经理,但也针对零售商和个体户。社交网络既是商业战略和沟通的关键因素,也是信息的来源。表8-1列出了社交网络中的几种行动类型。

表8-1 社交网络中的几种行动类型

行动类型	说明
社交媒体上的品牌形象大使	设定企业沟通的框架和限制条件,建立明确、简单、清晰的企业沟通渠道,获得适应社交媒体的沟通技巧
社群管理	管理现有的社群或一些新创建的、对企业有影响的社群
电子声誉	监测并提升企业在媒体、互联网和社交网络上的声誉
在社交网络上的表现	提高在互联网和社交网络上的整体知名度,从而提高企业的声誉(定性和定量的知名度)
搜索引擎优化(SEO)	获得最佳搜索引擎优化和在线声誉管理
竞争情报	在互联网和社交媒体上获得有效竞争的情报

8.7 协作形式

协作经济可以追溯到2011年前后。现在,它每天都在我们的生活中出现。从多个角度看,乐华梅兰(Leroy Merlin)的例子很有趣。这个全球第二大 DIY 零售商在其销售点开设了 TechShop 工作室（有 3D 打印机、液压切割机、数字机器等）。它曾尝试 104，现在则已转向创客：如果你不知道"104"和"创客"是什么，就意味着乐华梅兰已经领先一步。TechShop 有一个目标，那就是让客户群重新焕发活力。这个目标将在 10 年内完成，但在此期间，该企业确实获得了一个优势。

8.8 创新的生态系统

如果找不到沟通者，我们就会在生态系统的层面上创造需求，这通常表现为"创新熔炉"，即我们创造了一个有利于创新的生态系统——这要归功于创新的成分。

8.8.1 资源中心

资源中心是实施创新的必要元素。资源中心是在社会 4.0 中创建的，有时也被称为"能力中心"。

定义：资源中心是为创新的调整和发展提供技术基础设施和相关知识与技能的组织。

资源中心的概念已由欧盟委员会在未来工业倡议的框架内正式确立，其重点为中小型企业（SMEs）。该倡议被称为"制造业中小企业 ICT 创新"（I4MS），于 2013 年 7 月启动。当时提出了四种主要的创新类型：

- 机器人技术。
- 在"云"中的高性能模拟。
- 基于激光和光的应用。
- 包含智能传感器的系统。

这项倡议涉及一个为中小企业提供解决方案和技术基础设施的能力中心名单。该倡议还提出要为描述技术创新制定一套精确的词汇。在倡议的介绍中，这些技能中心犹如车轮，推动创新前进，如图8-3所示。

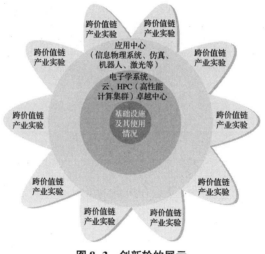

图8-3　创新轮的展示

8.8.2　数字创新中心的概念

2017年，欧盟委员会鼓励数字创新中心（Digital Innovation Hubs，DIHs）的出现。

欧盟委员会将数字创新中心介绍为工业数字化的一种方法，如图8-4所示。

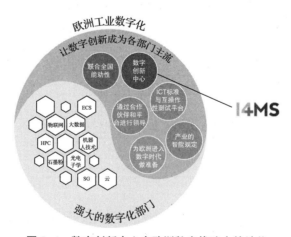

图8-4　数字创新中心在欧洲数字战略中的地位

定义：数字创新中心是一个组织内各行动者的整合，它与一个技能中心相关联，该技能中心的目标是通过创建一个创新生态系统来加速新产品和服务的实施。创新是由一个协调者实施的。

因此，数字创新中心以技能中心为工具，并以协调和合作的理念为基础，这些都是社会 5.0 的基本特征。

欧盟委员会通过图 8-5 介绍了数字创新中心。

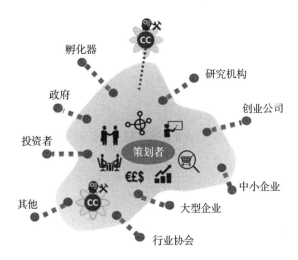

图 8-5　数字创新中心模式展示

8.9　先前创新组织的演变

为应对这种发展，先前那些负责创新的中心应该进行调整，同时发展中的年轻公司应得到支持。"共生"社会意味着鼓励联网、求助于专家和拥有知识的人、有机会获得培训和分享经验。所有这些方法都比支持更重要，而直到最近，提供支持还是这些中心的主要活动。

创新组织演变的另一个因素是主题的变化。30 年前，作为这些中心的先锋，信息通信技术已经积累了经验。生物产品、能源、物联网、数字化、物流管理和机器人技术等已成为未来的主题。

8.10 人力资源的创新

人力资源是创新型企业的重要要素，其地位应该得到承认。

人们通常将创新视作一个项目来管理，其实并非如此，应将其视作一个由连续项目组成的连续过程。正因如此，以一纸有限期的合同聘用研究人员和工程师是个错误，是失败的根源。工作保障是必要的，但应与招聘和有选择的参与联系在一起。虽然管理分散、团队自治，但有目标、目的或愿景，且将来能将其转化为成就，那么这种团队管理就是有效的。团队成员的薪水应该相对高于其他职能部门，而且与企业绩效高度挂钩。这些成员通常受教育程度高，教育背景比较广。简而言之，研究显示，在这些团队中，几乎没有任何地位差异的扁平组织最有效率。

共同工作是"共生"社会和社会 5.0 的基本要素之一。

定义：共同办公是一种组织工作的类型，它汇集了两个概念：共享工作场所和有组织的工人网络，以期促进交流和开放。

共同办公空间有时被称为"共享办公室"。Fab 实验室和生活实验室就是共同办公空间。这属于协作经济学的范畴。在这些共同办公空间中，合作者相互沟通，通过交流、实施，创新一触即发。

这些领域正在显著扩大，许多个人行动者正在参与进来。最常被转变为共同办公空间的便是租赁的房间。办公室租赁代理商已经感受到削减城市房子的租金的重要性和利益，因为城市房子的租金太贵了。事实上，在一套公寓里租几个办公室比租整套公寓利润更大，而租一套公寓本身就比租一套房子利润大。但从另一方面看，构建网络和促进直接合作交流更难衡量。

第 9 章

社会5.0中的"共生"社会

以共建、合作和协调为主导的"共生"社会是社会 5.0 的一个标志性阶段，同时也是新型工业化形式的形成要素之一。很多经济行动者已经意识到了"共生"社会的存在，而过去它只限于艺术家群体，如 20 世纪 60 年代的"弗雷德森林"（Fred Forest）。

当"共同"人正在取代以前所有类型的人时，社会 5.0 就开始重新整合先前社会的全部特征。

9.1 从假肢人到现在的人的演变

人有思想，有意识，真是一个神奇的存在。工业社会制造了假肢人。古人类学家安德烈·莱罗伊-古尔汉（André Leroi-Gourhan）认为，工具是手的延伸。我们当前所处的信息、知识和娱乐型社会正在质疑这一论断。表 9-1 列出了不同的社会类型对应的人的类型。

表 9-1 社会类型与人的类型

社会类型	人的类型
社会 1.0	假肢人
社会 2.0	文明人
社会 3.0	理性人
社会 4.0	信息社会人
社会 5.0	增强人或改进人

9.1.1 无聊的人的类型

1881 年，爱德华·佩勒龙（Édouard Pailleron）将人分为两类，之后又增加了第三类。"世界上只有两种人：一种是会感到无聊的人，他们什么都干不成；另一种是不会感到无聊的人，他们什么都能干成。然后，还有那些知道如何让别人感到无聊的人。"我们在里昂德、格拉斯（Gras）和奥热（Augé）身上看到的人类学视野有利于在人类对无聊的反应的分类方面取得进展。

9.1.2 假肢人

假肢是工业世界的产品，有了它，人们做事更高效。它被置于人—技术—物品—环境的连续体中，强调的是技术—物品这对组合。在这种情况下，技术和无聊联系在一起，甚至似乎相互加强，这就解释了我们为何对创新有不断的需求：为了得到更好的技术，从而更有效率。

人是一个配备了许多假肢的生物。我们来看一些例子。就自然运动而言，汽车是我们有限的身体的自然延伸。在它的帮助下，我们走得更远、更快。很难想象一个没有汽车的世界。汽车的例子很有意思，它表明技术、假肢和死亡之间交织着奇怪的关联。对人来说，任何技术都是危险的。技术迫使人们寻求安全、构建信任。技术使人们看到了人类的基本死亡率，这种死亡率可以用统计学来处理。可能正因如此，人们才会力求掩盖那些离人类最近的假肢，如助听器或人造关节。现在则出现了一种反其道而行之的现象。

那些拥有假肢的人带着一种优越感来炫耀自己的假肢。要想证明这一点，只需看看尼古拉斯·胡切特（Nicolas Huchet）的 Bionico 项目，或者克里斯托夫·德巴德（Christophe Debard）的 MHK 协会和"打印我的腿"项目的发展。

拉斯·弗雷德里克·H. 史文德森（Lars Fr. H. Svendsen）称："人类中心主义造成了无聊，而当技术中心主义使人从舞台中央退出时，问题就更严重了。"在他看来，这可能是因为技术诱发了世界的非物质化，在这样的世界中，事物消失了，只剩下纯粹的功能。信息社会加剧了这种现象，往往还未等潜在用户有足够时间学习如何使用机器，它们就已经过时了。

9.1.3 文明人

成为一个人意味着走向文明，也就是说，走出蛮荒。每个人都应该过上有尊严的社会生活，应该参与建设一个由人文主义价值观统治的世界。文明人是与自然人相对立的。霍布斯（Hobbes）、列维-斯特劳斯（Lévi-Strauss）和弗洛伊德从压抑自然的角度来考虑人，这导致了象征性秩序的诞生。根据安德烈·莱罗伊-古尔汉的观点，当人类从四肢行走过渡到直立行走的时候，人类便出现了，人也就出现了。通过这种进化，人类解放了双手和拥有了更多的姿势，这是人类的根本特征。姿势远远超出技术。语言也如此，它当然也是人类的特征。

9.1.4 理性人

理性人受了经济学方法的启发。理性思维对主体和客体进行了区分。而神话思维则正相反，它将这两个概念合二为一。为获得幸福，理性人无止境地积累物质产品和价值，追求自我利益。正如拉德维恩（Ladwein）所指出的，经济为市场营销贡献了两种思想。首先，人们在各种竞争性供应中经过审议后做出了选择，因此选择是理性的、有动机的。接下来，人们可以从竞争性供应的特点和功能来衡量选择行为。正如马克·奥热观察到的那样，个人可以自由地消费他想要的东西，但他的选择却被供应商提供给他的五花八门的产品所限制。

理性人是一个不完美的答案。任何形式的理性都会崩溃，都是对权力的攫取，这是人对未能占有商品的焦虑造成的。马克·奥热指出，个人并没有真正的消费自由。广告、各种形式的信贷、产品的脆弱和更新限制了个人的选择自由。

9.1.5　信息社会人

信息社会人使用特殊的机器人。计算机能像人类一样进行推理。人工智能帮助人在市场上的不同产品之间进行选择。这就是网站的作用，它让人们知道供应哪些产品，其价格多少。

9.1.6　增强人或改进人

增强人或改进人的概念涉及那些力求增强人类能力，使其超出自然生物进化的范围的技术。

这里我们可以将那些致力于修复或改造增强能力的不同方法分为几种。还有一种二分法，分为增强人的身体能力与增强人的智力能力。这两种情况在社会5.0中均涉及。

9.2　无聊与创新的分裂

无聊这个问题没有解决办法，这恰恰使它成为一个真正的问题，这样它就方便了营销人员。创新则与此相反，总是在解决问题。无聊毗邻乌托邦。乌托邦不可能彻底发生。如果实现了乌托邦，无聊就会产生，并最终会从内部摧毁乌托邦。这表明了奥托·夏默在U-程序中提出的那类态度的重要性。

9.3　新型创新战略

"共生"社会引发了对创新战略的几个方面的重新设计。

9.3.1　创新必须无处不在

在"共生"社会中，创新无处不在，它是若干出版物谈论的一个主题。青年领袖中心（The Center for Young Leaders）每天都在处理创新问题。对他们来说，企业成功的关键是要有所作为。为此，创新是必要的，但由于竞争的存在，创新的寿命很短（几乎连几个月都不到）。弗朗索瓦-马里·庞斯（François-Marie Pons）和马约兰·德·拉梅库尔（Marjolaine de Ramecourt）赞扬了企业各个层面的创新原则。伊萨克·格茨（Isaac Gertz）、艾伦·罗宾逊（Allan Robinson）和鲍勃·施密特（Bob Schmetterer）也讨论过这个话题。在他们看来，是企业产生了创新。为此，企业有必要进行创新，并鼓励每个员工按照这个方向行事。参与式创新是人们所期望的，而是否有个"打破常规的老板"可能是成功的关键。鼓励创新至关重要。这些创新论题的问题在于，它们对消费者的兴趣很淡，甚至根本不感兴趣。

9.3.2 嫉妒营销动力的完结

嫉妒是想占有对方拥有的东西的欲望。营销利用了人们的嫉妒心。它其实是以欲望为手段，将交换转化为某种动态事物，这样便为生产注入了活力。当我们有欲望时，就会"想要拥有"，最常见的渴望是拥有市场提供的产品，而希望进入这种经济生活的欲望主体是通过成为其行动者之一来实现这一愿望的。这种现象有时候很矛盾。有时会发生这样的情况：我们之所以有欲望，只是为了让别人嫉妒，而那个人之所以有欲望，又是为了让另一个人嫉妒。此时出现的是挫败感，而非嫉妒。拉封丹的寓言"狐狸和葡萄"充满了讽喻。狐狸无法得到它想要的葡萄，便开始诋毁它们，消灭它想要的东西。

9.3.3 "共生"社会是理解消费者的手段

最后，仅仅通过分析消费者的满意程度来限制对消费者行为的理解无疑是对理解消费者的一种简化。此外，它也不能对产品经理凭直觉发现的一些方法做出解释，比如不断改变产品的形状以及产品的组成和包装。应对无聊可能是一个解释吧。

9.4 波特的战略模式

迈克尔·波特（Michael Porter）的战略图力求描述一个战略模型。

9.4.1 战略和战略模式的概念

定义：战略是指企业选择其战场并将其资源投入其中的方式。这有助于企业根据当前或未来环境的变化保持或改善其竞争地位。

波特的战略模型（见图9-1）可以启发人们对可能的战略进行分析。

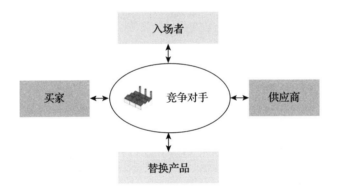

图9-1 波特的战略模型

波特提出的行业分析代表了竞争的五种力量。以电信为例，竞争发生在运营商之间。入场者是有线电视供应商和那些传输数据的参与者。供应商希望提供服务。客户（买家）寻求降价。替代产品本质上都与运输有关。

9.4.2 价值链的概念

我们可以重新利用波特的分析，借助他的价值链概念来考察企业，如

图 9-2 所示。

定义：价值链指的是创造价值的活动（主要活动和支撑活动）和利润。

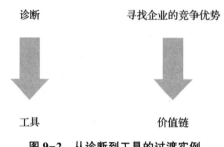

图 9-2　从诊断到工具的过渡实例

对企业的价值链进行的比较涉及：

- 竞争者。可以将竞争领域考虑在内。
- 提供者。有助于确定相互依存关系。
- 分销渠道。有可能建立竞争优势。

按照波特的界定，企业的全部活动及其互动构成了企业的价值链。有九种可以创造价值的活动，它们被分为以下两组：

- 主要活动分为五种：内部物流、生产、外部物流、市场和销售。
- 支撑活动分为四种：企业的基础设施、人力资源管理、研究和技术发展以及供应。

正如波特所观察到的那样，企业的竞争优势往往既来自各种活动之间的众多联系，也来自这些活动本身。换言之，各种活动的相互依存是成功的关键因素，企业应对这些活动加以协调。

在这些有价值的因素中，我们应该加上数量上的协调，这与成本控制体系有关；还要加上质量上的协调，这与内部和外部的权力的平衡有关，这对于在完全或部分内化和签订合作协议之间做出选择至关重要。

9.4.3 波特的三个基本战略

图 9-3 描述了波特的三个基本战略。

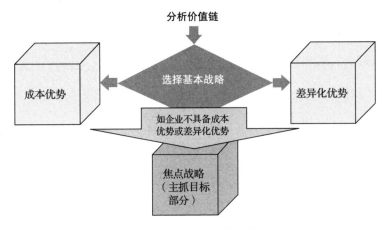

图 9-3 波特的三个基本战略

9.4.4 成本优势

成本优势是第一个基本战略。但重要的是要将它与差异化优势结合起来，因为企业需要将其成本保持在与竞争对手接近的水平。成本分析与创造价值的活动有关（与企业的客户无关）。如果一个企业成功地以比其竞争对手更低的累计成本开展其创造价值活动，它就获得了成本优势。这就是所谓的低成本服务取得成功的原因。

为分析成本，企业应孤立地看待下列行为：

- 运营成本占企业总成本的重要部分。
- 成本涉及不同的演变因素。例如，促销成本与广告成本不同，后者受制于规模。
- 竞争对手对其有不同表现。

该方法引发管理方法的发展，如精益管理。

9.4.5 差异化优势

差异化优势是第二个基本战略：当一个企业设法获得一种独特的特性且该特性被消费者赋予某种价值时，它就与竞争对手产生了差异。差异化通常成本较高。另外，企业不应因实体产品要面向全球，就将差异化局限于这些产品。过去，差异化针对的是设计和品牌建设；现在，"服务化"可能成了差异化的一个新来源，企业应该以满足客户需求为导向。为此，企业应该考虑客户的价值链。

差异化可以有多种形式。工业、商业或机构客户之间的差异化反映了他们的战略和执行战略的步骤。家庭之间的差异化反映了其成员的态度和需求，以及企业如何降低客户成本、提高客户绩效。为此，企业有必要了解客户的愿望：了解客户如何看待价值，即客户用什么标准来计算企业创造的价值（广告、包装、名气、声誉）。最后，企业要了解消费者的购买标准，这些标准可以分为两类：

- 使用标准（产品质量、交货期限、与实际产品有关的技术援助、产品的声誉等）主要针对产品的有用性。
- 信号标准（广告、包装、品牌形象等）主要针对产品信息的可取性。

9.4.6 焦点战略

焦点战略是第三个基本战略。如果企业无法利用成本或差异化在整个行业内获得优势，就会专注于一个目标细分市场。因此，企业有必要事先研究细分市场。事实上，细分市场是选择焦点战略的核心。

细分的基本目的是划定一个行业（销售相同或相邻产品的市场）。战略的选择需要细分，因为客户认可的有独特特征的产品对企业获得竞争优势有很大的影响。在以下情况下，产品品种之间的差异或客户差异会成为细分的因素：

- 它们改变了竞争的五种力量之一。
- 它们影响了企业的价值链。

在实践中，我们把产品的品种和客户的种类分成几个能反映最突出差异的类别。以下四个细分的变量可以帮助我们对细分进行定义：

- 生产或可以生产的不同品种的产品。
- 购买或可能购买的不同类型的客户。
- 客户使用的不同分销渠道。
- 客户的地理分布情况。

焦点战略的可行性取决于模仿者的实力、获得替代产品的可能性以及大型目标竞争对手的存在。

9.4.7 发展路径

企业有两条重要的战略发展路径，如图9-4所示。第一条路径是从对产品—市场这对组合的分析中推导出来的，被称为"接近性发展"。第二条路径基于收购，被称为"巩固性发展"。

图9-4 战略发展的路径

9.4.8 市场大规模化的机制

市场大规模化既成事实，因此我们要了解这一现象的机制（见图9-5）。它的目的是达到规模经济。为此，我们要把随之出现的价格的下降和生产的增加结合起来。

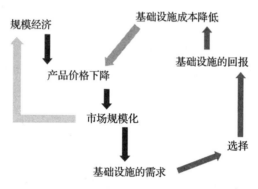

图9-5 市场大规模化的机制

社会5.0面临的挑战是避免出现自然的市场大规模化，这可能危及包括对客户的适应在内的社会5.0所取得的重大成就。

9.4.9 利用差异化实现愿景

我们可以通过以下三个层次的分析来对利用差异化实现愿景做出定义（见图9-6）：

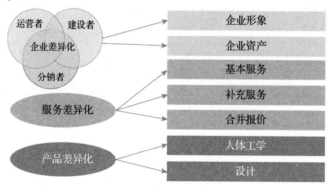

图9-6 差异化的层次

- 产品层。
- 服务层。
- 企业层。

9.5 有用的伙伴关系

从传统角度看,市场的大规模化涉及建立伙伴关系或企业收购。对于制造商来说,大众市场的出现带来了某些困难,但这些困难可以通过标准化解决方案来应对,如图9-7所示。

伙伴关系是由大众市场赋予的,它的重要性在于:

- 减少和分担开发成本。
- 节省时间。
- 将人力资源减少到必要的最低限度。
- 可以分享技术。
- 增强每个参与者的商业存在感。

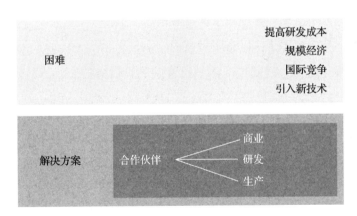

图9-7 大众市场的出现带来的困难和解决方案

为汇集不同领域的技能并实现这样的网络,伙伴关系就更加重要。比如,由于有了特许经营权(即与其他供应商的合作关系),商业存在感就有可能被增强。这类行动是"共生"社会的一个特点。

9.6 不同类型的联盟

从广义上讲，根据查尔斯·怀斯曼（Charles Wiseman）的类型学，企业应该考虑以下三种具体的战略联盟形式：收购、合并和协议。

"需要外交家的技巧和游击队员的狡猾，才能成功地进行打击，推进你的战略目标，同时满足你的合作伙伴的利益……"

联盟呈现强大的多样性。为了处理信息，按功能对它们进行分组似乎很关键。

9.6.1 建立联盟的条件

企业可以采取不同的形式建立联盟：合作、参与，甚至自愿接受共同的协议。长期以来，人们只考虑到这些做法的司法层面，现在它们又多了一个战略层面。就基于技术的战略而言，特别是就我们而言，企业必须与跨国公司和大学研究实验室保持密切联系。

在一个技术起决定性作用的行业中，通过授予公共合同，国家能够充当市场裁判员的角色，企业的成败与国家干预及国家为企业创造更好的利润的能力之间的关系，远比与企业可能实施的竞争战略的关系更密切。包括皮埃尔·杜尚哲（Pierre Dussauge）和伯纳德·拉马南索阿（Bernard Ramanantsoa）㊀在内的几位学者都发表了关于战略联盟类型的学说，见表9-2。

㊀ Pierre Dussauge and Bernard Ramanantsoa, *Technologie et stratégie d'entreprise*, pp. 149-154, McGraw-Hill, New York, 1987.

表 9-2　杜尚哲和拉马南索阿提出的联盟类型

货币交易技术：	联盟的目标技术	
协同合作联盟	联盟仅限于研发：竞争前的联盟	联盟还与工业活动相关：工业合作
分销协议 专利交换	共同实验室	欧洲项目

纵向或横向整合战略在许多行业已经达到极限，因此，许多企业的领导人都不约而同地在重复这样一句话："我们已经进入联盟时代。"

按照工业战略观察站的盖伊·克雷斯皮（Guy Crespy）的说法，合并/收购过程中形成的联盟反映了企业难以为自己的发展提供资金的状况，它们的增长是不确定的，加入联盟的壁垒也很高。这是信息产业企业战略的轴心。动机多种多样。

9.6.2　通过融合建立战略联盟

股权的集中或分散程度以及联盟的寿命差别很大。在汽车领域，通用汽车（GM）和丰田汽车（Toyota）的参与比例相当。在电信领域，法国电信（France Telecom）和德国联邦邮政（Deutsche Bundespost）分别负责捷克电信的 40% 和 60%。我们可以看到，参与比例可能非常多样化，会涉及两个或更多的参与者。不过，我们也要注意到，这些联盟往往会随着时间的推移而松动。

9.6.3　通过执行协议建立的战略联盟

例如，A 公司授权 B 公司分销 A 公司生产的产品。同样，A 公司在授权下生产 B 公司的产品，而 B 公司则销售该产品。这是两种非常常见的情况，我们将在后面看到。此处只提及战略联盟，不考虑完全的收购和合并。综合考虑，那些形式相似的协议还是有可能被分组的。

我们对一个数据库进行了研究，其中列出了 1960 年通过的所有协议，包括一些全球集团。在这个小组中受到影响的行业是电信、信息、电子、视听、软件和半导体。我们的指导原则是将1987—1991年通过的协议按五个部门分组。这项任务是任意进行的，但符合行业制定的规则；我们已经建立以下公约：

- 研究和开发协议。
- 生产协议。
- 分销协议。
- 许可协议。
- 合作协议。

所有联盟都被归入这五个部门，这意味着在所涉期限共有1073份协议。以这些要素为出发点，我们可以进行数据分析，希望能发现某些产业集团之间的重要联系。这一分析有可能确定不同参与者之间的联盟类型，这一点将在后面用实际例子加以说明。让我们客观地指出，尽管我们有协议，但我们最后没有将它们拆开来看，这可能会削弱分析的严谨性。

9.6.4 通过产品整合建立的联盟

统包联盟分为简单和复杂两类。计算机视觉公司就属于简单的统包联盟。它是CAD软件的领头羊，曾与IBM签订了一项协议：IBM提供软件，帮助其发展销售，还提供具有附加值的计算机。通用电气信息服务公司也与IBM签署了一项协议。它提出了一个条款，允许IBM销售具有附加值的个人计算机，还允许其以后将这一业务出售给认可该品牌的公司。

更为复杂的统包联盟涉及几个参与者。例如，约翰·汉考克互助人寿保险公司（John Hancock Mutual Life Insurance Company）为其代理人提供了一个综合服务项目。由于与IBM签订了协议，Lotus软件公司曾经以优惠的价格提供了一个软件集成解决方案。不过，这种联盟还是未能成功地战胜具有挑战性的微软。

联盟也可能涉及产品的分销。它使分销渠道成倍增加成为可能。电子数据系统（EDS）公司提供远程处理和安装管理服务。与霍根系统（Hogan Systems）公司和卡里内特（Cullinet）软件公司的联盟授权可以扩大给客户提供系统的范围。在这里，企业再次打入了以前对其封闭的细分市场领域。

9.6.5 联盟的决定性因素

行业内的企业结成联盟的原因多种多样，但所有联盟都被归入前文所述的五个部门。

联盟的结果与战略活动领域的定义有关。随之出现了一种联盟混杂在一起的现象。企业的一个基本目标就是确保其可持续性。然而，就目前来看，如果没有外部增长战略，这一目标难以实现。尽管如此，这个决定所产生的成本不允许不同行业的企业（特别是技术行业）选择收购，而是选择联盟。只有大企业可以采用收购这种方式。

企业应系统地追求协同效应。协同效应使得企业着手进行联合研究工作、利用合作伙伴或其他实体开发的技术成为可能。

9.7 企业的类型学（科特勒的界定）

按照这种对战略方法的分类，我们不能回避类型学，它是大多数专业文章的论述核心。这与波特的方法有一些相似之处。不过，这种方法更具动感、更直接。菲利普·科特勒（Philip Kotler）创立了市场份额类型学，并区分出以下四个主要的战略方向：

- 领导者。
- 挑战者。

- 追随者。
- 专家。

9.7.1 领导者战略

采取领导者战略的一般是拥有最高市场份额（大约是"第二名"的2倍）的企业，这样该企业就能占主导地位。此外，它还是客户、供应商和竞争者在其领域的参照。领导者既不一定是最具创新性的企业，也不一定是决定市场价格的企业。

它的战略程序包括：开发全球需求；锁定市场；从经验效应中获取利润。

例如，IBM仍是世界计算机制造商的领导者。这是市场上的参考。然而，高端工作站制造商的领导者太阳微系统公司（Sun Microsystems）现在却已退市，而在被IBM放弃的个人计算机和便携式计算机市场，各类参与者正在壮大起来。

9.7.2 挑战者战略

挑战者战略是"第二梯队"的战略，他们雄心勃勃地要在任期内获得主导地位并成为领导者。为实现其目标，挑战者面临着以下几个层面的问题：

- 对应予解决的战略活动领域的选择。
- 要使用的手段。
- 对领导者应对能力的评估。

运用挑战者战略，富士通（Fujitsu）公司在1990年7月收购ICL之后，就开始向上发展，并在DEC、NEC和日立之前取得了第二的位置。目前它正在挑战IBM。然而，它必须从那些将自己与IBM捆绑在一起的活动中脱离出来，这样才能找到自己的技术独立性，从而以平等的条件面对

IBM。这一战略并未达到其目标。比如，基于微软架构的操作系统因谷歌的安卓系统的到来而受到了挑战。

9.7.3　追随者战略

追随者的主要目标是从形势中获利。追随者从领导者的经验中获利，并常常提供更低的价格。追随者实施的战略行动主要集中在研发（购买许可证、OEM 协议等）或客户（忠诚化等）方面。

因此，该战略方向将计算机领域的大多数企业汇集在一起，并为其提供与 IBM 兼容的材料：用专业的行话说，这些都是克隆产品。最近，我们看到了一些智能手机供应商的出现，它们都"与安卓兼容"。

9.7.4　专家战略

专家战略被称为"小众战略"，采用该战略的企业将其方法建立在一个极度敏锐的细分市场基础上。根据科特勒的观点，该战略的主要困难在于需要在企业的独特能力和该细分市场的具体特征之间找到一个匹配点。

技术网越密集，协同进步产生的效果就越重要、越强大。因此，信息技术的发展使我们有可能见证工业项目在有限的、创新型小众市场诞生。元技术的概念指的是双联理论，有时元技术会采用双联理论的方法。在其他情况下，元技术是通过联盟诞生的。

正如我们在前面的类型学中所看到的，工作站采用了一种高精尖的技术，这鼓励了新兴者的诞生。在这里，正是网络和图形界面等的发展催生了一个大规模的工业项目。然而，电子元件在当今也极为吃香。让我们记住，这一点之所以现在可以实现，要归功于元件集成和微型化的持续进程以及我们之前提到的架构的发展。

第 10 章

本地化、市场、技能和知识的挑战

社会 5.0 的技术正在改变当前的社会，这与以下两种本地化现象有关：本地化正在失去其重要性；本地化已经成为某些行动的关键。事实上，本地化与可用的（人类）技能以及可用的知识有关。

10.1　本地化日益失去优势

每一次社会革命都以社会关系的变化为特征，这是技术创新的结果。伴随社会 4.0 出现的工业革命带来了个人的机械化，其中一个例子是分工的出现，这导致工人整天重复同样的任务；由于生产量的增加和效率的提高，成本大大降低了。

社会 4.0 产生的第一个影响是企业需要生产一定数量的产品，以便具有竞争力，这一点错误地成为"工业化"的同义词。而社会 5.0 不一样，其在各方面的能力较社会 4.0 都增强了，因此力求脱离这种对数量的需求。

第二个影响是企业寻找大量的诱发性能源以强化生产。这样一来，靠近煤田就成为促进工业化的条件之一。大量的人口满足了企业对劳动力的需求，这样企业可以不使用外国劳动力，也就不会引发社会性问题。本地化是社会 4.0 的一个重点。

电力、自动化和信息技术已经使选择厂址彻底过时。其影响之一是：社会 5.0 面临的挑战变成了企业在其内部定位自己的能力。

自动化会影响所有的经济部门，它的引入既威胁到低技术含量的岗位，也威胁到低生产成本的国家产业——无论是由劳动力、资源获取等因素造成，还是由特殊监管造成。纺织业的例子尤其引人注目。劳动力市场变得高度数字化。在上游市场，软件能帮企业确定样品的花色、获得三维图像。

10.2 一些不重视本地化的新做法

阿拉德（Allard）、克雷通（Creton）和奥丁（Odin）在他们那本有关手机的书中提出了某些交流方式终结的话题。比如，与通话方的直接沟通和对其位置的了解意味着诸如"我来给你接通"这类短语的消失，而我们以前在用座机打电话时经常会听到这句话。

10.3 重建的重要性

当一家公司必须在工业4.0时代重建时，它往往不得不放弃其先前具有历史风貌的厂址，因为这个厂址不再符合未来工厂的建设标准和要求。工业4.0时代的建筑必须符合一些特殊的要求。

比如，拉铁科耶尔（Latécoère）公司计划为其未来工厂投资3000万欧元，它被迫放弃其在法国图卢兹橄榄树街的厂址，将工厂搬到蒙特雷顿（Montredon）的一个合适的场地。这类工厂的规模通常需要一个面积为5000~10000平方米的独立街区，这在旧址是找不到的。

10.4 市场份额为何发生变化？怎样发生？

企业不断扩大市场份额，原因有四条。第一个原因是经验法则：随着产量的增加，产品的单位总成本会下降，这要归功于经验及学习。第二个原因与企业达到一定生产水平的好处有关。第三个原因是使企业在其客户和供应商面前处于强势地位。第四个原因是市场份额的增加提高了产品的知名度，从而提高了消费者对品牌的认可度。

关于扩大市场份额，有几种解决方案，如扩大产品范围、利用新技术或对质量进行把关来改进产品、创新产品、增加商业支出、使"组合"协调一致，或者更精细地细分和区分产品。

因此，企业需要捍卫自己的市场份额。为了做到这一点，一般有三个选择：第一个选择是通过改善"组合"的要素来主动进攻。第二个选择是用不同的品牌使市场饱和，从而巩固自己的地位。这种解决方案会带来风险。事实上，它已被冠上"企鹅化"的名称。这种说法源于成群结队的企鹅这一形象——消费者意识到，那些产品变来变去，其实都一样。第三个选择是公开对抗，要么打价格战，要么加强商业行动。

10.5 技能和知识

技能和知识的问题很复杂，它指的是对知识资本的处理和"培训—信息"这对组合的角色，以及在管理中应该发生的必要变化，如参与者的承诺、标准的变化及规划模式的变化。没有知识就没有现代化，没有新知识就不会有社会 5.0。工具一直都存在，它们会适应每个历史时期所带来的知识条件。若不是因为人赋予了其意义，计算机不过像算盘一样笨拙。要想通过数字化和去物质化来改变公共治理或改造企业，那就不能走传统路线，因为它不可能创造奇迹，我们要让规则"智能化"。遗憾的是，许多国家和企业领导人还是踏上了传统的道路。其实，我们可以利用技术来创造新的解决方案和新的规则，从而处理复杂的问题。为此，我们应着眼于改变技能，依序使用知识。

10.6 知识资本的概念

知识资本这个概念在莫汉·苏布拉马尼亚姆（Mohan Subramaniam）和

马克·A. 扬特（Mark A. Youndt）撰写的一篇非常受欢迎的文章中得到了正式的阐述，这篇文章就是《智力资本对创新能力类型的影响》（"The Influence of Intellectual Capital on the Types of Innovative Capabilities"）。

定义：知识资本由三个要素组成：人力资本、社会资本和企业或战术资本。

定义：人力资本基于创造力、教育、专业知识、智慧和天赋。

教育和各种信息可以增强这种人力资本，这一点我们将在后面进行分析。

定义：战术资本由专利、许可证、数据库、程序、企业文化和系统，特别是信息系统所代表。

在企业的战术部门，特别是营销部门，实施变革可以改进这种战术资本。我们将在后面的章节专门讨论这个问题。

定义：社会资本是指合作并分享信息、相互学习、互动和交流、建立联盟和使用来自不寻常及不同来源的知识的能力。

如果我们以一种传统的、相对简单的方式考虑，社会资本有三种视野，即工具视野、社会学视野和管理者视野。

工具视野考虑的是实施我们讲过的社交网络或网络组织。社交网络软件应该就足够应对了。

社会学视野主要考虑的是将一个社区紧密相连的强大纽带的整体性。它还研究诸如共享标准、信任和互惠的特质。这种视野力求消除导致下列结果的一切事物：

- 隔离或阻断信息。
- 阻碍对外部挑战的理解。
- 使人们自满。
- 鼓励墨守成规。

- 使企业远离创新。

管理者视野寻求所有与合作或共同学习有关的技能。此外，企业应创造条件，鼓励工作团队之间进行信息共享。这既是有利于创新出现的必要条件，也是使企业坚持"共生"社会原则的必要条件。企业还要找出网络中的强弱环节。最后，管理者视野允许每个人都能提出新想法。

知识资本有助于表述激进型创新、渐进型创新、社会型创新和节俭式创新的特点，见表10-1。

表 10-1 创新方法与知识资本

创新类型	知识资本对创新特点的表述
激进型	产业有活力 研发支出高 强大的社会资本 强大的人力资本 社会资本和人力资本之间的高度互动
渐进型	产业复杂 重要的社会资本 运营上的战术资本
社会型	社会资本与人力资本很重要 与未来客户间的高度互动
节俭式	成本切实降低 与未来用户互动，从而了解必要的功能

10.7　营销的变化

互联网使营销发生了很大变化，不仅实现了去物质化，还带来了令人信服的人性化体验，这很重要。在网络上引导我们的虚拟小人就是这方面的最终成就。

互联网已经成为产品推广和广告投放的渠道，作为回报，企业可以获得关于消费者的数据。这对于娱乐休闲业和酒店业尤为重要。在这些领域，商业化平台已成为购买产品的必经通道。2000年，美国最佳西方（Best Western）酒店并没有用于网络媒体的预算，2003年这部分预算占支出的5%，2009年超过50%，2014年为80%。管理者行为的演变一向如此之快。

各企业现在都在衡量互联网营销。事实上，有些新型企业专门从事营销研究，其目的是将营销的意义归结为在社交网络上获得的数据。现在有了海量数据，但又引发了数据的效用问题。若想在这一领域有所建树，最好的方法便是"做事"。对于社会5.0的营销人员来说，掌握大学教的基础知识很有必要，但课堂上可学不到做事的逻辑，只能自己来发现。

好奇心和有助于理解事物的工具当然也是必要的。套用该领域一位企业主管的话："社会5.0的企业必须超越互联网！"㊀

以前的企业是由经理来负责营销活动的。现在，企业经理则需要长期处理数据，这样做的目的是将全部数据——而不仅仅是营销领域的数据——纳入管理流程。新行业是对先前已存在的业务的更新。

在某些领域，如高科技领域，专业媒体已经消失，互联网成为获得信息的唯一途径。新型职业应运而生，比如出现了一群对客户或潜在客户群体感兴趣的人，他们通常被称为"社群领导者"。

10.8 侵入营销

品牌对私人生活的侵扰已经成为现实，但也可能成为未来的互动和定制型交流的限制因素。一些商业网站引入了评分系统，如易趣（eBay）和亚马逊（Amazon）等在线销售平台，客户可以对品牌或供应商进行排名。

㊀ 这句话出自CRM Metrix的创始人劳伦特·弗洛雷斯（Laurent Flores）。

侵入现象远远超越了消费者与品牌之间构建的越来越强的互动关系。如今，侵入营销已经发展到制造商在汽车里安装某些设备，用它们来分析每个司机可能遇到的风险。边开车边付保险账单成了汽车的一个功能，其实包括法国在内的许多国家是禁止这样做的。西班牙互联银行允许交易者在交易过程中发送短信，这得益于"未来加"卡（Extrafuture Card）这样的特殊优惠。该卡是一种忠诚卡，可以跟踪消费者，看消费者排斥哪些商店。这种所谓的传入式侵入营销还有其他一些形式，如短信、关于销售点的信息、邮件等。传出式侵入营销近年来才出现，如跟踪、收集智能手机上的信息用于互联网分析。巧合式侵入营销是指在消费者购买某产品后为其推送配套产品。事实上，最近才开始出现对侵入营销的有组织抵抗。由于缺乏对入侵的抵抗，那些最不尊重个人数据的公司往往会得到回报。

这些数据中有可共享的信息（年龄、性别等），也有涉及隐私的信息（工资、照片、朋友等）。脸书（Facebook）之类的社交网站可以诱使消费者透露自己一开始不想分享的隐私信息。

吸引更多消费者的另一种方式是创造"激励机制"。这指的是企业为获取消费者信息，可以给他们提供有关购买力方面的优势以作为交换。为此，企业需要尽可能透明化。要做到这一点，企业的做法必须合乎情理；鼓励双赢，进行更有针对性的操作，不要让消费者产生负面印象。

10.9 对所获得的知识的利用

雅克·佩里奥（Jacques Perriault）对使用关于优秀实践和应用的资料汇编感到好奇㊀。首先，我们要考虑到，这些汇编囊括了各方面的实例，其目的是确保使用者拥有共同的知识循环。其次，优秀实践是各种辩论的

㊀ 这是雅克·佩里奥提出的一个想法。

出发点，这些辩论都与使用和规范化实践相关。

在 F. 库伦（F. Cooren）看来，这些文件只是一些要执行的指令、程序和行动清单。我们遵循指令，而那些创建指令的人则引领着我们去向某处。那些使用这些汇编的人认为有一种"在场-不在场"效应。创建这些材料的人是"指挥者"（Auctor），这个词与作者（Author）和权威（Authority）有相同的拉丁词根。因此，这就为规范化实践敞开大门，但也引来了对作为惩戒的法规的性质的反思。

我们可以将形式化的知识分为以下三类：示范类指的是身体上的训练和个人的发展；文摘类需要修订，还须获得知识的所有权，以及对写作进行处理；自动化类是在工作材料上刻的文字，它们通过特殊的机制、程序起作用。当然，这三类并非标准分类。

在戴维·恰拉斯（David Charasse）看来，继皮埃尔·德尔坎布（Pierre Delcambre，1997）之后，出现了不同类型的写作实践。最简单的是品牌化，而品牌往往只是一种财产的象征。文本布局更先进，但不像形式化那么强大，因为形式化需要预测文本的编写方式。标准化需要形式化。如果过早地谈论文本布局，在逻辑上会有危险。相反，宣称作品即标准也是一种危险。德尔坎布（Delcambre，1997）认为，社会化意味着学习"标准化的东西"。本着同样的精神，我们可以声明知识就是将各种标准内化，这种立场或许是可行的。因此，我们不应忽视各类标准在社会层面的重要性。

10.10 识别文件中的规则

规则可以通过产品的"附加"文本（如手册）来制定。有些制造商会自己制作这些文本，然后在产品的"外部"、包装或说明书上展示。有时候这些规则会出现在一个封闭的环境中，比如在留言板上。要注意，大多数情况下，它们通常与禁令有关。

规则可以指"较远"的书面规定，这里的"较远"既可以指时间，也可以指企业的外部规章。它通常以文本的形式出现，或多或少可以"展开"，而且比较明确。当我们获取这些文本时，规则就被命名了，可以提取、引用或逐字复制。这时就出现了被人转述的情况，人们对规则进行解释。这种转述方式不稳定，需要进行具体的操作。

我们可以利用技术记录规则。机制或多或少有约束力。在这种情况下，有各种感知机制鼓励我们遵守规则，汽车的速度表就是一个例子。

上面三种情况中，主要的困难都在于如何使对制度的遵守走向常态化。

10.11 识别规则中的承诺形式

如何识别规则中的承诺形式？这个问题先于规则的传播问题，并且是个政治问题，尤其是在用有技术含量的物品记录该规则时。

首先，我们可以在大众化模式下分析承诺的形式，这把我们带回到规范化文化的传播。

其次，我们可以在行动中确定承诺的形式。目前，移动医疗联盟正在通过促进公共/私人伙伴关系来鼓励"新型创新思维"。为此，移动医疗联盟已经确定了某些行动，这些行动与具体的需求相对应。考虑到减轻目前不同国家的护理系统所面临的压力，每项行动都在应对来自多个行业的挑战。这意味着移动医疗联盟要动员大众参与慈善事业，以进一步提高大众对现有疾病的认识。

10.12 规范化的实施

STANAG（标准化协定）的实施是为了促进最佳实践。在法国，TMED

由 CNES（法国国家空间研究中心）部署，以便通过卫星进行诊断和治疗，这要归功于移动远程医疗站。目前，该系统已经在圭亚那得到测试，以确保其可靠性。西班牙已经应用了 TMED，从而帮使用者与西班牙主要军事医院的专家进行实时远程咨询。波兰的远程医疗系统用到了摄像头，从而帮助医生进行远程治疗。美国最近开发了一个联合远程放射学网络，将六个军事医疗中心连接起来。德国也已开发出一个强大的微生物学远程系统。

与此相反的是，欧盟委员会的第 689 号通讯（2008 年）却未能得到真正发展。同样地，Continua 论坛的表现更不尽如人意，其只为一些产品制定了规则，如血氧仪这样的产品。

10.13 组织层面的影响

知识产业还涉及一些与数字化有关的问题，以及数字化对个人自由、交换标准和交易可追溯性的风险。正如法国国家科学研究中心（CNRS）的招标条例所指出的，"我们面对的挑战是不要把许多问题（关于趋势、参与者执行的战略、与学科传统和创新有关的情况或信息和科学传播的新兴形式的问题）融合到一个单一方法中"，而是要沉浸在"传播理论"中。预期的组织层面的影响主要是一些变化，这些变化影响了数据和机器。的确，各种规范和标准都统辖着网络的使用，对网络的开发可能会改善网络的用途，也可能使其僵化。这些规范转化成为数据标准或程序标准的形式。我们将在后面陆续研究这些要点。

10.13.1 作为环境变化媒介的规范

改变意味着从福特制转向顾客，从政府转向治理。政府属于一种等级制度和责任占主导地位的情况。治理与参与者的多元性有关。

迪迪埃·肖沃（Didier Chauveau）认为，规范是实现集体效率的一个条件，与从政府到治理的转变带来的现状有关。这种转变需要对核心业务进行重新定义，从服务质量导向便可看出这一点。这是一种税收和投资战略，其活动受到监管。这种导向需要对相关问题进行重新设定，这是由该模型的逻辑模式和这一过程的逻辑决定的，在对组织重新部署的背景下，这一点变得至关重要。

主要的问题是，我们需要在这个新背景下重新思考有效性的条件，这与以服务为重点的重建和重新组合有关。

这种重建需要重新定义经济条件，特别是福特制的地位。国家在其中发挥了主要作用，它教导人们从用户转变到公民。重建产生了职业文化的冲突，换言之，重建是残酷的。正如本杰明·科里亚特（Benjamin Coriat）所提的那样，重建是一种反向思维。

让我们以医疗卫生行业为例。欧盟委员会的第 689 号通讯是一个愿意做出改变的例子。它追求更高的效率和护理质量，同时力图降低成本、提升与医疗卫生相关的行动的表现。这份通讯提议为各类组织建立一个新的运作模式。现在的医疗越来越复杂，它考虑到了医疗融资和医疗的连续性。医生之间、医生和病人之间以及医生和支援服务者之间的沟通将越来越多地转化为行动，而这些沟通本身也将更加技术化。

10.13.2　规范与机器

规范与机器的关系这一基本问题与语言密切相关，并无确定答案。集体智慧的核心在外部，在客体中。因此，问题就在于要弄清是什么让约束制度与机器之间的那些规范持续起作用。克里斯蒂安·勒莫恩（Christian Lemoen）提出了这样一个观点：制度的一个作用是保留记录、复制规范。因此，我们可以将规范理解为一种机制或具化。这种方法与特维诺（Thévenot）和艾玛德·杜维尼（Eymard Duvernay）采取的方法一模一样，他们认为制度是"加工"后的叠层。

勒莫恩认为,各种项目主要代表了具化的形式,他重新提到达·芬奇的"设计"(Designo)。在各种具有物质性的社会形式中注册项目的能力是通过各类规范实现的。这涉及几个问题:首先,要有专注于项目的能力,但也要有管理关键事件的能力,同时还要有能力预测机器故障并做出记录。一个规范就是一个宇宙,是对世界的整体看法。因此,有些项目之所以失败,是因为它们被禁锢在一个等级森严的制度中,这个制度拒绝任何规范上的改变。

10.14 变化对数据的影响

我们还记得,数据的问题从一开始就存在于CNRS的招标说明中:"除了科学生产(科学本身的对象),任何工业生产、商业交易和人类活动都会产生数据,只要数字自动化系统负责管理,这些数据就会拥有存储、开发信息和知识这一地位。"

项目逻辑被引入,它需要项目参与者的相互合作。这样,效率就取决于互助互惠。它代表了从模型逻辑到流程逻辑的转变。这种转变带来的主要是信息地位的变化。这样一来,关于组织的数据就从传播和传输的逻辑转变为访问和公开信息的逻辑。数据成为共享资源。

让我们再次以医疗卫生行业为例,这同样适用于各类资源。北约COMEDS小组提议将远程医疗纳入其战略轴心,他们将采用一种新方法,其中STANAG会发挥重要作用。医疗在越来越多的合作基础上运作,形成了真正的团队合作。当今的合作已超越一些简单界限:某国医院里的医生可以诊疗另一个国家的受伤的士兵(目前的阿富汗便是个例子),前提是两个国家的医生拥有共同技能。这种合作也因先进医学的发展和对医疗人员专业化的细致需求而得到加强。

10.15 程序和流程的变化

规范导致组织发生变化,这些变化对计算机程序和流程有影响。

有趣的是,我们注意到,Continua 论坛可以自我增加一些创建计算机程序和收集营销情报的技能,而这其实是一件需要合作、共享信息并且最后要经测试及认证的事情。

欧盟委员会视规范为变革的工具,借助规范推行计算机平台计划的落地与实施。欧盟委员会指出,欧盟成员国必须在2009年年底提出战略,并在2010年就该主题组织一次部长会议。这样的话,2011年年底前就有可能对远程医疗进行评估。欧盟委员会还提议在2010年年底前制定规范,特别是要为互操作监测系统制定规范。为此,它提议围绕互操作编写一份白皮书,并提醒各成员国,质量和安全是规范化的关键因素。2018年,在欧洲各国,实施远程医疗的行政工具仍未到位。欧盟委员会还同时开始了一项研究计划:信息通信技术在健康、老龄化和包容性方面的研究。这是在信息社会这一背景下提出的。拟投入的资金达到1500万欧元,经授权用于两个计算机试点项目。对试点项目的构想是要在欧洲大规模部署该项目。欧盟委员会拟进行的研究旨在测试建设心血管、慢性肺阻塞和糖尿病领域的个人健康系统的可能性。欧盟委员会的目标是建立6~8个医疗保健单位。

10.16 组织的演变

在这种全面转型的背景下,规范将使组织和行业当下或未来的演变发生变化。这就提出了参与者从参与模式转变到贡献模式的问题。其中涉及许多问题,如共同生产——尽管我们会一下子想到 UGC(用户生成的内容),但它并不总是创始原则。

在这方面，我们不应忽视马塞尔·莫斯（Marcel Mauss）所珍视的协作与合作。很明显，业内正在对合作的条件进行定义，他们利用的是那些促进消费者或用户更多参与商品和服务生产的规范。现在有一个普遍趋势，在这个趋势的指引下，合作在市场上得到反馈。在这种情况下，消费者或用户的分散式专业技术被用于商品或服务的生产。

让我们把这种方法再次应用于医疗领域。当移动医疗联盟宣布要开发一种新型护理技术时，合作便贯穿其中，所有参与者一道致力于获得解决问题和改善自然灾害期间的通信所需的数据。

这表明"没有完美的组织"。

健康在线是这种知识产业的一个例子。健康在线中的文件没有涉及标准化对知识生产、分配和保留之间的波动的影响，也没有涉及它所产生的价值链。我们是否应该将其纳入规范化进程，还是另寻他法？

电子医疗是一个创造痕迹的行业的缩影。各国对各种形式的计算机化医疗记录的激烈争论，说明了各国应对数字知识产权引发的争议进行深入分析。就连工具的名称都能引起争论。这些数字痕迹对医护人员增加医疗知识很有用，对保险之类的活动也具有重要价值。它们还可以成为其他参与者（如未来雇主）的信息来源。现在的问题是什么需要经历正常化过程。

"远程监控"对于连接医院和家庭极有必要。事实上，医院的管理将不得不改头换面。这与在医疗专业中引入新的护理技术类似。该行业一定会出现新的专业活动，面对这样一个由管理和护理专业人员组成的世界，知识产业的新工人必须要为自己定位。他们也有必要得到培训。这里需要思考，这些重要问题的解决是否会经历一个正常化的过程？

10.17 信任带来的挑战

信任源于市场的出现。有些市场专门针对某个领域，而有些则对许多产品开放。融资方面也存在挑战。对一个品牌的信任往往非常有效,但并非总是如此。

10.17.1 专门市场

Artsy 是一个专门进行艺术品交易的平台,创建于 2009 年。作为一个销售艺术品的优秀平台,Artsy 与艺术馆和艺术博览会形成了合作关系。2016 年,它与佳士得(Christie)和菲利普斯(Phillips)等大拍卖行建立了伙伴关系。Artsy 的网站上陈列着各类艺术品,人们可以购买或销售,也可以在此了解艺术家及其作品。该平台的销售额高达每月 2000 万美元。全球 90 个国家的 1800 多家公司在该平台上陈列其拍品,它们当中有画廊、艺术博览会和拍卖行。这些公司在 Artsy 上登记的是艺术品,而不是艺术家。

10.17.2 信任的表述:评级

为创造信任,社会 5.0 的行动者将信心转移到其与用户的关系中。事实上,他们鼓励用户欣赏彼此之间的关系,而不是与平台的关系。在这种努力之下,一个奇迹般的解决方案得以普及开来,那就是评级。这里的关键工具是评级,应尽可能做到互评,这样才能赋予信任严肃性。评级制度并不新鲜,每个学生都会得到分数,一些老电视节目和最近的时尚、综艺节目都使用评级工具。换句话说,评级在日常生活中并非新鲜事。评级从排名工具转变为:

- 对平台用户的经济产生影响的工具。
- 平台所有者的分析工具。
- 政府对某些组织的监控手段。

正是因为行动者需要信任,评级才具有决定性作用,并成为各种偏见的来源。

10.17.3　承诺是信任的一个要素

客户对服务平台的承诺和员工对企业的承诺是社会 5.0 中应实行的两种信任形式。承诺是社会 5.0 的一个关键概念。

定义：承诺意味着信任那些重任在肩的行动者，让他们保持甚至提升自己的动力。

培训由以下四个步骤组成：

- 交流案例，交流灵感。
- 共同制订解决方案。该阶段委托给来自不同职能部门或有着不同出身的人，他们要做的是创建新的里程碑，而非修改现成的解决方案。
- 为实施具体标准提供工具。
- 为具体的实施提供便利，为一切事物提供便利。

为了让人们敢于冒险，不要一开始就把目标定得太高。最后，引用圣埃克苏佩里（Saint-Exupery）的名言，这对尽力让人做出承诺是非常合适的："如果你想建造一艘船，不要从捡木头、切木板和分任务开始，而是先要唤醒人们内心对浩瀚瑰丽的大海的渴望。"

10.17.4　招商引资的必要信心

把银行和信贷机构的传统运作放在数字世界中是错误的。

在很大程度上，数字世界是非物质的。银行和信贷机构希望得到实物抵押，这样才能发放贷款。因此，为设施或机器融资比为软件融资更容易。在这种类型的交易中，购买方和买方之间应建立信任。

在国际会计条例中，数字领域的投资是作为一种费用出现的。在资产负债表上，对数字领域的投资似乎并未表现为此。这影响了对企业实力的分析，尽管这样做很高效。信任反而取决于这种无形资产的会计估值。

我们几乎不可能证明某个项目的盈利能力及其投资回报如何，因为就其创新特性而言，我们缺乏关于其成就的参考。我们也很难根据这些新的投资来评估其业务运作的演变和可能的收入。

与数字化相关的"服务化"是不可避免的。由此可见，我们很难对投资级别进行评估，而且这个级别可能会提高，这就加剧了资金问题。除此之外，我们还应该加上对实物（包括机器）以及员工工作场所所需资金的融资。

分支机构的影响也很重要。一个大型的数字企业会把它的解决方案加到分包商头上，而这些分包商一般无法采取相同的财务手段，这就导致关键的资金问题的出现。确定行业战略，以便让金融机构安心，不失为一个很好的思路。

在每个国家都建立起能满足这些需求的机构是很有必要的。金融机构应适应数字客户文化，重新组织自己，从而满足企业需求。幸运的是，对数字技术的投入并不昂贵，且这种投入往往由机构自筹资金。

第 11 章

按需社会

按需社会既起源于"服务化",也起源于对无聊的回应。社会5.0本质上是一个按需社会,而这种需求并未得到生产性企业的自发回应。这些企业被迫调整自己。

11.1 无聊对需要、欲望、期望和需求是否有影响?

在对按需社会进行分析的这一阶段,我们有必要在"需要—欲望—期望—需求"这一链条中加入无聊。我们必须分析其转移用途:在某种情况下,它可能是对无聊的反应;在另一种情况下,它可能表达了某种真正需求。

11.1.1 集体神经和转移用途

弗洛伊德在其著作《文明的弊病》(*Malaise dans la civilisation*) 中提出了一个假设,即集体和个人的发展是相结合的。个人由集体神经按照三个识别层面来构造。在家庭层面,个人身上有家族世系的印迹。在群体层面,个人获得与其所属群体(学校、职业、社会阶层)相关的社会认同。在个人层面,个人获得了集体身份。这个身份有两个主要维度:一个是现实维度,与历史有关;一个是想象维度,与文化有关。

当集体神经和谐运转时,这三个层面就是一致的。里昂德介绍了两条规则。如果个人神经是集体记忆的唯一反映,那么幸福就取决于后者。如果由于历史和文化的变化,集体神经变得无序,那么它可能会促使个人出现病态症状。这些症状可能会被投射到集体神经上,并改造它。

11.1.2 转移用途理论和无聊的作用

我们所做的研究表明转移用途有三种。有些企业顾问甚至使用了"未预见到的用途"这个词。从营销角度来看，转移用途的唯一益处是增加产品或服务的消费数量。

当我们强化产品的某项功能时，第一种转移用途就会出现。例如，手机与普通电话不同，它多出了一项移动功能。如果你正在开车，发现自己碰上交通拥堵，开会肯定迟到了，停车去打公用电话的想法就不明智，因为这样你就会失去更多时间。而相反，如果你有手机，就可以在车上打电话。因此，你会更频繁地使用手机。我们可以将这种转移用途视作忧郁或悲伤的一种形式。它们产生的原因可能是生意没谈成，或者跟朋友闹矛盾。只有这第一种转移用途才是对前面讲述的消费者满意度的回应。我们的顾问娜塔莉·玖琳主要关注这一转移。新型"创新竞赛"来源于"更谨慎的科学"，具有"强化的功能"。

无聊是第二种转移用途。让我们再次以手机为例。设想这样一个场景：你在等公共汽车时突然感觉很无聊。虽然经常给岳母打电话也让你感觉无聊，但你还是决定在等车的时候给她打个电话。她很高兴，你也很高兴，因为你有效地利用了你的时间，你妻子也很满意。最后，公共汽车的到来给你提供了一个挂掉电话的大好时机。

第三种转移用途与痛苦和焦虑的情形有关。让我们设想自己正处于刚生完孩子的年轻母亲的境地，你无法接受跟丈夫一起去看剧的想法，因为这样你就会产生与孩子分离的焦虑。让我们给这位年轻母亲配备一部手机，焦虑就会在痛苦中找到解药。她会接受把她的孩子交给别人照看。尽管影院禁止在观剧过程中使用手机，但手机使她可以直面痛苦。这位年轻母亲会给保姆打三次电话：一次是在演出开始前，询问是否一切顺利；一次是在中场休息时，问同样的事情；还有一次是在演出结束时，通知保姆她要回来。

11.1.3 转移用途示例

管理学文献中有一些很有名的关于转移用途的例子。由于性能原因，一般来说，表 11-1 中的产品已经被其他设备所取代。

表 11-1 转移用途示例

产品	转移用途
格雷厄姆·贝尔（Graham Bell）电话	人与人之间交流的设备 转用为电话剧院，后来被用来在家里听演出 最终被广播和电视所取代
托马斯·爱迪生（Thomas Edison）留声机	传递专业信息的设备 转用于听音乐 被黑胶唱片取代，之后又被 DVD 取代
手机短信	由电话运营商用于向用户发送信息 转用于用户之间的信息发送 被智能手机应用程序取代

在医生的批准下，药物经常被最终用户转用。以伟哥为例，它本来是一种治疗心脏病的药物，有促进勃起的辅助作用，后来这个作用被放大。一种原本用作糖尿病患者饮食混合剂的调解剂已经成为抑制食欲的药物。

阿拉德、克里同和奥丁合作开展了一项研究，其重心是手机及其转移用途。关于手机的转移用途已经有了一些论文，写得很有意思，比如毛里齐奥·费拉里斯（Maurizio Ferraris）认为"手机是打字机"；谢尔盖·蒂塞隆（Serge Tisseron）认为"手机当然彻底改变了摄影实践"。谢尔盖·蒂塞隆分析了手机带来的三重革命：实践的解放、立即看到结果的可能性以及摄影与观看行为之间关系的颠倒。罗杰·奥丁、伯努瓦·拉布尔代特和威廉·乌里奇奥合写了一篇不太出名的论文，他们认为手机是个拍电影的工具。威廉·乌里奇奥回顾说："总的来说，电影的历史扎根于纪录片对现实的反映。"他还进一步阐述说:"从一开始,纪录片就将观众与世界大事联系在一起。"通过这些例子,我们很容易想象到转移用途的规模。

11.2 革命5.0的产品和服务:"服务化"

继"提供服务""服务生产"和无制造化之后,社会5.0的又一个特点是促进"服务化"。我们所处的服务社会无疑与产品创新放缓有关。正是由于这个原因,来自工业界的行动者们参与了产品和生产的"服务化"。这一发展无疑促使我们的社会发生了重大变化:不再把汽车卖给个人、火车卖给公司(然后由公司来运输用户),而是把从一个地点到另一个地点的运输服务商业化。这样,我们也可以说就有了"服务业"。这种演变导致行动者主体发生变化,各种平台的作用的重要性也发生了改变。这就要求这些行动者在新的竞争者出现时改变其做法。

11.3 "服务化"的概念

"服务化"可以用三要素来解释,见表11-2。

表11-2 "服务化"的概念

类型	描述
生产	寻求生产业绩 强化企业,"服务化"被视为基本生产要素
组织	拥有开发适应未来产业架构的手段
产品与服务	利用信息和通信技术将产品和服务系统结合起来,目标着眼于全球

定义:Servuction是一个专门指服务生产的术语。

该术语是用"服务"(Service)和"生产"(Production)这两个词合成的一个新名词。它由皮埃尔·埃吉利耶(Pierre Eiglier)和埃里克·兰格（Éric Langeard）提出，最早出现在 20 世纪 80 年代。这一说法后来被巴多特（Badot）和科瓦（Cova）采用。"服务生产"与传统生产活动不同，它的基本组成部分是市场营销，可能正是因为这一点，市场营销将其挪用。"服务生产"主要涉及与客户的关系，而传统的商品生产基本上是个"工业"问题。事实上，现在由客户驱动的生产单位正是"服务生产"的进化形式。这种方法已被纳入服务的营销中。目前，"服务生产"一词正在逐渐淡出，以便利于推广"服务设计"，即包括物质成分的服务。

11.4 "服务化"的本质

"服务化"的本质在于创新和服务的设计，该概念依旧与"提供服务"和"服务生产"有区别。

11.4.1 提供服务

定义：在管理学文献中，"提供服务"被简单地定义为"销售服务而不是产品"（Makower，2001），或者"销售所提供的服务或产品的功能，而不是实体产品本身"（Fishbein，et al，2000）。

菲斯宾（Fishbein）举的是租用产品的例子，并对其进行了研究。在这些研究者看来，"提供服务"的主要优势是减少交易成本［交易成本经济学或（TCE）］。所有采用这种方法的研究都集中反映了两种可能出现的情况，即"提供服务"更可能源于那些致力于减少交易成本的企业或组织，或者相反，源于在多种报价中流失的消费者。

11.4.2 提供服务的不同形式

在服务领域，一种基于租赁服务，而非购买服务的获取模式出现了。之后，这种商业模式的基础便成了每次使用后付费。互联网上的每个终端都采用访问模式。人们将这种技术定义为按需、"可规模化"和可共享。

几年前，这种形式曾以"服务桌面"的名义出售。最近，它被重新命名为"云计算"。不同的因素促进了这种新模式的出现，见表11-3。

表 11-3 促进云计算出现的因素

因素	说明
监管层面	服务互联网出现，即一个新的网络标准出现
技术层面	虚拟化（容错性）、网络的重要性（可用性、处理量、延迟）、通信技术的微弱延迟（光纤和5G移动）。
经济层面	经济危机、对抗、竞争、可持续发展
使用层面	"任何时间、任何地点、任何设备"都可以访问，每次使用后付费

"填管道"的风险带来了新困难。这里我们应记住一句流行语："暴露简单，隐藏复杂。"这样，这个问题就可能有以下三类解决方案：

- 软件即服务（SaaS）：基于应用程序、服务和应用程序商店。
- 平台即服务（PaaS）：提供工具。
- 基础设施即服务（IaaS）：提供计算和存储能力。

11.4.3 服务生产

埃吉利耶和兰格(1987)通过创造"服务生产"一词，确立了服务生产的系统性概念。这样，服务就应被理解为供应商的"服务生产"系统的目标和结果。因此，我们可以将"服务生产"定义为对提供服务所需的每一个实体型或人力型"客户-企业"界面进行的系统化、一致性的组织，其商业特征和质量水平是预先确定的。当我们对服务而非产品感兴趣时，我们就有必要对主要服务（核心服务，即满足客户基本需求的服务）和辅助或补充服务（外围服务）加以区分。这两种服务都为获得基本服务提供了便利，也为我们所定义的服务增添了价值（Eiglier and Langeard，1987；Grönroos，1984，1993，2000）。

11.4.4 竞争优势

迈克尔·波特以价值链的概念为出发点，明确了竞争优势的理论。他由此推断出，建立竞争优势的方式只有三种：降低成本、差异化或专注于某个小众市场（我们之前讨论过）以及创造新的产业竞争力。

差异化战略力争通过差异化获得竞争优势。因此，企业有可能向某个受众提供具有高附加值的产品或服务——数量不大，但利润率很高。这就是"服务生产"战略的本质，不外乎是将自己定位在更接近消费者的位置，以满足他们的需求。

"服务生产"中还使用了成本领先战略，但它采取的是反使用的手段。为达到降低成本的目的，使用上也有限制。如果一个人几乎从不开车，他就可以在有需要时租一辆车。如果他的用车需要相对较低，而且只在高峰期使用汽车，那么租车这一解决方案对他来说就显得很便宜。在这个例子中，降低成本的策略与低成本策略有很大不同。这样，企业就通过向战略目标提供低成本的产品来获得竞争优势——利润率小，但量大。

集中的手段通常是通过分销渠道的倍增来实现的。集中战略的目的是通过向一个小目标提供产品或服务来获得优势。这个目标可能是在当地划定的，也可能是就产品功能而言比较小。相应地，我们就可以察觉到产品话语对不同受众的适应。为实现这一点，我们有必要采用一个与目标的期望相适应的价值链。

其他一切都还都在摸索中，很可能会走向失败。

11.5 通向"服务生产"之路

"服务生产"是研究者在技术使用领域得出的一些有着明确结论的发现。第一个发现是：许多行业在降低成本方面已经达到了极限。第二个发现是：利用差异化战略来销售硬件越来越困难，这就要求通过服务来提供附加值。信息通信技术容量很大，有了该项技术，人们可以很容易地将这些服务添加到产品中。

11.5.1 价值的形成

我们的想法是，不要像迈克尔·波特那样对价值的分解感兴趣，而是要对价值的形成感兴趣，即使这意味着要重新采用马克思主义的方法。到目前为止，价值是通过成本、可用性、满意度以及"生态友好"而产生的（见表11-4）。因此，重要的是要从"服务化""提供服务"的角度考虑引入服务的过程，而不是像先前那样，从"服务生产"的角度出发。

表11-4 价值的形成

如何创造价值			
成本	可用性	满意度	"生态友好"
共享基础设施，降低成本	业务灵活性	通过更多的消费者参与（共同创造）来减少压力	减少某些资源的消耗（可持续性）
共享知识	快速启动，快速对需求做出反应	参与各类发展社群（共同发展）	共享知识
降低产能成本	安全	与客户共同构建产品	"漂绿"⊖
降低运营成本	数据治理（开放数据等）	消除实体关系（ATM等）	制造业投入方面的变化和接受成本的增加
节俭式创新	社会创新	技术-营销创新	环境创新

这张价值形成表给出了社会5.0中的四种创新类型，即节俭式创新、社会创新、技术-营销创新和绿色创新。

⊖ "漂绿"给人一种产品和相关服务是"绿色"或传统的印象。

11.5.2 一切皆服务的逻辑

企业或组织中的"服务生产"以一切皆服务（XaaS）的模式开展，如图 11-1 所示。

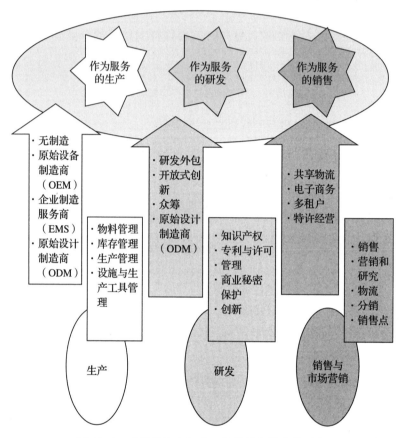

图 11-1 "服务生产"中一切皆服务模式的形成

虽然传统销售确实存在了很长时间，这在我们市中心的商店和大众零售业中就能看得出，但现在出现了一些销售的其他表现形式。

11.5.3 "宁租不买"的逻辑

协作经济的专业化使得新型"服务生产"方兴未艾。拼车、城市自行车租赁和高效的技术解决方案已经传播开来，并且超过了其他产品。

租赁给我们带来新鲜感，从而成为对抗无聊的工具。现在连个人衣柜都可以租用。我们不再需要图书馆和存放 DVD 的家具：电子阅读器使我们能够阅读，流媒体或数字频道使我们能够观看电影。在日本，你还可以租个狗狗，带着它到公共绿地散步。

租赁已经从偶尔的需要转变为日常需要。电视机租赁公司可以在你住院期间为你提供娱乐服务。同样，在洛克沙姆（Loxam）公司或基卢图（Kiloutou）公司，你可以租到 DIY 设备。你也可以在特殊场合租用一件仪式法衣。由于可以长期租赁汽车，租车已成为一种习惯。租赁这种方式已经扩展到了家具和大型电器。

这种租赁方式除了能对抗无聊，还有两个相辅相成的好处。首先是可用性：发生故障或用了没多久就过时的设备可以立刻得到替换，无须等待维修。租赁可以说是一种良性循环：修好的设备很容易就能拥有第二次生命，特别是在二手市场上。租赁方式还有利于不太富裕的人获得自己需要的一些设备，可以说达到了社会性目的。汽车和电子设备租赁已经验证了这一点。第二个好处是可以带来即时的快乐。设备租回来后立刻就能用，而且租赁的产品不会像汽车那样迅速贬值。服装也是如此，你可以"穿名牌"，定期换换样子。

洛基欧（Lokeo）平台称其客户是 30~40 岁的年轻人，属于社会精英，他们是最早采用租赁服务的一批人。该平台声称在法国有 50000 名客户，现在正在不断扩大其可供租赁的产品范围和附加服务，如订阅服务。

这些新型租赁服务显示出租赁更多的是一种一次性的特殊需求，如果长期使用产品，可能就相当于"服务生产"，这是社会 5.0 的一个典型特征。

11.6 企业制造服务

企业制造服务（EMS）随着无制造和无生产理念的企业的发展而发展。在法国，其发起人是瑟奇·谢瑞克（Serge Tchuruk）。

11.6.1 无制造

"无制造"一词是由瑟奇·谢瑞克于 2001 年 6 月提出的。在《华尔街日报》(*The Wall Street Journal*) 组织的一次会议上，这位来自阿尔卡特公司的头号人物提出了"无制造"一词，用以描述其公司的未来。当时这个由英文词"fabrication"和后缀"-less"组成的缩略语令全场震惊，被形容为一颗"炸弹"。这种没有工厂的企业的概念曾在某一时期极受欢迎，现在又开始流行起来。

无制造这种理念也受到了批评。有人认为这是一些大集团为避免大量裁员而采取的某种伪装形式。2001 年，位于法国马耶讷省的阿尔卡特移动电话的制造部门被卖给了伟创力（Flextronics）公司。

当时这个部门有 830 名员工。公司在 2005 年 10 月向议会提交了关闭该厂的决定，裁员工作在 2006 年完成。2005 年 8 月，北电马特拉（Matra Nortel Matra）公司的前工厂和北电（Nortel）公司在沙托丹的工厂最终被伟创力公司接管。捷普（Jabil）公司恢复了阿尔卡特 PABX（程控交换机）在欧洲的生产，并在 2002 年收购了拥有 1200 人的布雷斯特（Brest）工业基地。相反，工厂只要了其中的 185 名员工。

11.6.2 原始设计制造商

原始设计制造商（ODM）进行设计、验证和分销活动，还可提供售后服务。最近，企业制造服务商（EMS）已经开始提供额外服务。一些企业制造服务商做出决定，重新转变为原始设计制造商，从而成为成熟的或完全的"自有品牌"。

11.6.3 电子领域的企业制造服务商示例

亚洲在电子领域崛起,因此企业制造服务商主要集中在电子领域。这里的企业制造服务商充当电子制造服务商。我们将其分为两类:

- 他们只生产印刷电路板的印刷电路板制造商。
- PCBA,用于生产印刷电路和子组件。指挥这项工作的是原始设备制造商(OEM)。

目前,下列电子公司是电子产品的生产链的重要组成部分:欧科佳集团(Actia Group)、All Circuits(法国)、飞旭(Asteelflash,法国)集团、佰电电子(Benchmark Electronics)、天弘(Celestica)、艾尼克斯(Enics,瑞士)、欧朗(Eolane,法国)、伟创力(Flextronics)公司、捷普(Jabil)公司、Lacroix Electronics(法国排名第三)、新金宝集团(New Kinpo Group)、普莱克思(Plexus)、萨基姆工业(Sagem Industries)公司、新美亚(Sanmina-SCI)、赛尔哈(Selha)、深圳长城开发科技股份有限公司(Shenzhen Kaifa Technology)、Tronico、环旭电子股份有限公司(Universal Scientific Industrial Co.,Ltd.)、VIDEOTON Holding(匈牙利)、卓能电子集团(Zollner Elektronik Group,德国的领导者)。

11.7 "服务化"的关键点:可视化和虚拟化

"服务化"的两个要点是可视化和虚拟化,这两个技术与信息通信技术有关。

图11-2展示了"服务化"所需要的工具。已经参与到服务化过程中的虚拟化并不足以建立"服务化"。

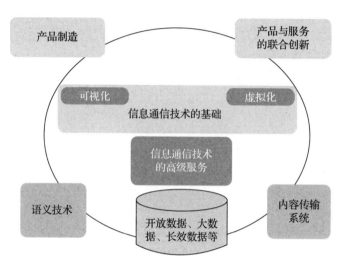

图 11-2 使用信息通信技术进行"服务化"

要实现这一点，还需要有可视化和数据管理过程，其中后者的分解技术与数据挖掘和内容交付技术有关。

我们觉察到在开放数据、大数据和长效数据之间新出现了一些逻辑上的差异，但在此我们不讨论这些。

11.8 近期发展

为发展"服务化"，日本成立了一个研究小组，聚集了东京工科大学（Tokyo University of Technology）周围的行业代表、顾问、学者和行政部门成员。

他们的想法是对一些促进创新的手段进行反思。这个小组得出的结论是：信息通信技术的发展及其相关基础设施非常重要。欧盟委员会也开始对这个话题感兴趣。

11.8.1 东京工科大学

东京工科大学提出的方法是在两个硕士课程中教授的。该方法的培训分为以下三个单元：

- 技术及其动态的管理。
- 知识产权的管理。
- 商业管理和工业经济。

这类培训使我们能够理解日本应对社会 5.0 的方法的重要性。

11.8.2　SPREE 项目

欧盟委员会资助了 SPREE（Servicizing Policy for Resource Efficient Economy，资源效率经济的服务化政策）项目，并将其列为第七框架项目的一部分。该项目分析了如何从销售商品的社会转变为提供服务、形成伙伴关系的社会。日本这个研究小组的结论之一证实了基础设施以及规范化政策的重要作用。

11.8.3　小松公司的例子

小松（Komatsu）公司的例子很有代表性，它是其所在行业的领导者，并因此取代了卡特彼勒（Caterpillar）公司。

小松公司已经为其货车和挖掘机配备了监控远程操作的设备，并实现了对车队的管理。这个名为"康查士"（"Komtrax"）的服务是一个移动应用程序，与苹果手机、iPad 和安卓智能手机兼容。它使在任何时间主动地远程管理该公司的移动设备（货车、挖掘机、建筑设备）成为可能。

该公司管理的数据包括使用时间（SMR）、燃料消耗、警报代码（特别是故障警报）、旅行和路线跟踪以及全球定位系统。

第 12 章

社会 5.0 的经济

社会5.0的经济的特点是：不仅要为经济4.0的问题寻找解决方案，还要产生新的经济形式。40年来，计量经济学领域的大量研究让我们知道，研发的支出与企业的经济业绩（利润率、投资回报率、增长）之间并无关系。从表面上看，研发的支出和企业的经济业绩之间的关系很明显，因为研发产生了直接的影响（研发支出和毛利之间存在正相关关系），但如果我们加上市场、销售和管理的成本，这种关系就消失了。相反，产品的很大一部分成本可能产生于研发。药品行业就是这样。研发和业绩之间的联系不再明显，这种情况要求我们将研发做得更高效、更有效。

若想让企业更高效，只有下面几个办法：

- 将自己置身于新经济中，从新奇事物中获利。
- 开发好的商业模式。
- 培养与跨职能数据和外部世界相关的能力和技能。

尽管第一种形式以前确实存在，但商业模式的概念最初出现时是对重大创新终结的一个回应。

奥斯特瓦德（Osterwalder，2004）认为该术语首次出现在20世纪60年代，在琼斯（Jones）的一篇文章中，但他一直都找不到这篇文章。维斯奥（Viscio）和帕斯捷尔纳克（Pasternack）在1996年提出了商业模式的定义，这是最早、最有说服力的一种定义。上面提到的第三种解决方案是社会5.0的一个特点。

12.1 各种新经济

我们考虑到了各种不同形式的经济。表 12-1 列出了一些可能的情况。

表 12-1 各种经济类型

名称	特色
经济 2.0	基于信息和通信手段的经济
蓝色经济	一个公司若想一直强劲增长和拥有高额利润,只能在一个无与伦比的战略空间中创造一个新的应用,这就是"蓝海"(Blue Ocean)
循环经济	这一概念是可持续发展的一部分。其目标是在生产商品和服务的同时限制原材料、水和能源的消耗和浪费
协作经济	任务组共享的经济类型
设计经济	突出培训、职能和构思的重要性
休闲经济	与主题公园和旅游景点有关的经济
交换	一种力争增加交换的经济类型
零工经济	以新型工作模式为主导的经济,如常见的自由职业者、微型工作和项目合同
免费经济	消费者与承担生产成本的支付者分离的经济
灰色经济	不受政府控制的地下经济
无形资产经济	一种数字化的经济形式,因此抹去了以前存在的物质交换的形式
愤慨经济	一种经济形式,人们对某些话题感到愤慨,希望引起共鸣,但这导致对产品和服务的销售的出价或有利,或不利
紫色经济	一种在全球化背景下适应人类多样性的经济类型。它依赖于文化层面,以便为商品和服务赋予价值
共享经济	一种经济形式,参与者分享生产或资源
邻近经济	这种类型的经济的基础与短途分销渠道相关

(续)

名称	特色
第四产业	一种结合了第二产业和第三产业的经济类型，其产品既非商品，也非服务，而是"将商品、临时供应商品、人员或商品和人员的组合融合在一起的服务"。第四产业还包括信息通信技术，以及与之相关的培训和支持其发展的政府行动
复古经济	跟复古和产品推广有关的经济
服务经济	一种经济类型。租赁导致财产被强力削弱，"服务化"得到广泛应用
银发经济	以老年人人数增长及其需求为基础的经济
团结经济、社会经济	社会经济或团结经济（SSE）是经济的一个分支，它将私人组织（公司、合作社、协会、互助会或基金会）联合起来，力求调和经济活动和保证社会公平
慢经济	一种与各种过快的影响做斗争的经济类型
创业经济	以创新企业为基础的经济，通常寻求筹措大量资金，具有非常强的经济增长潜力和对企业未来价值进行金融推测的潜力
使用经济、体验经济、功能经济	先前是一种以销售需要使用服务的商品为基础的经济，现在是出售某种服务或综合解决方案，以满足与以前单独出售的货物相同的功能，同时消耗较少的资源。此外，就这一点而言，产品的功能可以扩大
绿色经济	在大大减少环境风险和资源短缺的同时提升人类福祉和社会公平的经济

在这个阶段，我们应注意到储蓄的多样性被描述为社会5.0的一部分，以及传统经济学家在不得不描述这种新型社会的经济特征时那种惊愕的样子。

12.2 互联时代的问题

机器将行动者联系起来，但并未在各处产生相同效果。事实上，技术和社会进步之间已不再像我们所预期的那样存在联系。在微观经济层面，生产力的提高并不明显，增长依然疲软。教育和卫生是受互联经济影响最小的两个部门，而互联经济是随着信息通信技术诞生的。

互联性对其所在的民主国家没有明显的影响。不过，我们还是应该注意到：为采取必要手段，还是存在使用数字技术的意愿的。互联影响了某些民主制度并不太完善的国家，而这一过程并未扩展到所有非民主国家。这些国家以及发展中国家的发展仍然着眼于基础设施的建设和追赶发达国家脚步的过程。

为提高生产力，我们有必要重新设计商品和服务的生产过程。在一些人看来，这叫"优步化"——得名于那家非常有名的公司。我们所观察到的一个对互联产生影响的因素是规模缩小，这样经济行动者就能在市场上出现。换言之，市场的入场券价格更低，这便产生了一个直接后果：资金需求的减少。

我们不得不放弃旧的经济形式，用现代经济形式取而代之。

12.3 经济的演变

社会中的人类一直有改善其生活方式的愿望。为此，人类在获得所想使用的商品和服务的方式上有所演变。这些获取方式塑造了几千年来不断发展的经济。奇怪的是，在当今社会，我们可以找到每一种经济类型的例子，它们与总体上占主导地位的市场经济共存，见表12-2。

社会5.0对应每个时期的利益积累。狩猎-采集时期与社会1.0完全对应。农耕时期首先对应的是以货易货的经济，随着货币的诞生，这种经济被露天市场（苏克，Souk）经济所取代。

表 12-2 不同类型的经济

社会类型	经济类型
社会 1.0 狩猎-采集社会	狩猎-采集经济
社会 2.0 农耕社会	以货易货经济
	露天市场（苏克、巴扎）经济
社会 3.0 工业社会	生产经济
	大规模分销经济
	市场经济
	环境经济
社会 4.0 信息社会	无形经济
	数字经济
社会 5.0	该平台统一了之前所有的经济类型

12.3.1 狩猎-采集经济

消费者/捕食者学会在其所处环境的（产品）丛林中确定自己的方向。选择标准有：可食用的、好的、大的或容易获得的（触手可及）。

消费者/捕食者获得其想要的产品的难易程度，要视产品是丰富还是短缺而定。游牧业使寻找新产品或短缺产品成为可能。

如今，采集的概念适用于大卖场，采集的对象为陈列在触手可及之处的商品。

12.3.2 以货易货经济

消费者/生产者变得更专业，并学会用自己多余的东西换取自己所缺的产品。

这种行为的意义比分享食物和保护部族中最弱的人更深刻。这些交换被仪式封存起来，一些古老的社会仍然保留着以货易货的仪式，其意义远远超过了单纯的合同。这些交换是交流中的特权时刻。在这些时刻，人类获得了物品/标志。

目前，所有涉及人际关系和神经语言编程（NLP）的销售技术课程都分析了人类的手势。

以货易货的经济在农村仍然存在（用鸭子换水果，用割草机换锤子或打孔机），由于信息通信技术的发展，这种经济已经得到再生，并有了新的用武之地。

在互联网上，我们可以找到双边或多边交换平台。A 向 B 推出他的产品，B 向 C 推出他的产品，C 向 D 推出他的产品，D 又有 A 需要的产品或服务。

12.3.3 露天市场经济

消费者学会了使用货币和识别专门用于贸易的场所。

这样就出现了一些如今我们耳熟能详的概念：展示、拍卖以及来自世界各地的各种可供选择的产品。这时候，第一个无窗摊位摆了出来，看到标牌你才知道这个地方是干什么的；在商店里，柜台处于特权地位，产品存放在柜台后面，销售人员把他认为合适的商品拿出来展示。

销售人员、工匠和进口商统治着这里，他们成为连接顾客与产品的通道。

12.3.4 生产经济

在生产经济阶段，生产资料被集中起来，并被放在一个专门的地方。此时，供应低于需求。

工厂成为生产基地，手工业让位于大规模生产。生产地与交换地之间的距离催生了销售人员/销售代表，他们或跟商店联系，或挨家挨户向消费者推销。生产者不再控制其商品的销售，但他们开始做广告。他们以为有了销售人员的介入，产品会以某种方式出现在商人的脑海中。同时，他们也跟客户打交道。他们将重点放在改进生产技术上，其生产规模本地化程度极高。

在《现代世界的生活》（La Vie quotidienne dans le monde moderne）一书中，昂利·列斐伏尔（Henri Lefebvre）向我们描述了那个时代的心态："消费社会的理论家……指出，在资本主义经济和工业生产的初期，在前现代社会，需求并不曾引导这种生产。企业家们不了解市场，完全忽视消费者。他们随意地生产产品，然后将其在市场上推出，等待着买家，期待着消费者。"

12.3.5 大规模分销经济

在生产完成其结构化后，销售商品的可能性变得很大。在强大的需求面前，新的分销渠道诞生。其规模是超本地的，因此大量的消费者受到潜在影响。

供应逐渐与需求相匹配。百货公司、超市及之后的大卖场都能与传统的分销渠道合作。有了合适的包裹运送企业，生产者甚至可以通过邮件（邮购）进行远距离销售。当今的互联网和网络更是强化了这种销售方式。随着中央承包机构和上市政策的出现，分销被组织起来。产品后面看不到销售人员，自助商店中也找不到他们。广告变成了宣传。

大规模生产伴随着大规模分销，我们似乎进入了一个指数级消费时代。

12.3.6 市场经济

这个催生了"大就是美"说法的消费天堂并非无止境。购买力不是指数级的，竞争也很激烈。此时，供应高于需求。

高调的破产迫使企业领导人反思。他们首先研究消费者，推出调整后的产品。他们在营销方式上做出改变，并力求了解哪些产品最适合消费者的期望。

从这时起，研究有力地扩大了他们的调查领域。尽管生产经历了从统一化到产品定制化（消费者精确细分）的转变，但生产手段和分销仍保持集中状态。

12.3.7　环境经济

在严格的市场概念背后，企业依赖其他公司的供应，也依赖其他市场。所有行动者的国际化和相互依赖导致了环境经济的出现。

在市场上没有人是孤立的。生产某个产品、使用某种特殊材料都可能会导致一个国家的经济陷入困境，也可能给地球造成严重污染，是否该做某个决定可能取决于海关壁垒或某个简单的市政当局的授权。环境是不稳定的，市场是饱和的，信息通信技术的发展为进行更多调查铺平了道路。

市场分析的重点是环境。战略营销拥有了突出地位（企业的发展战略要考虑当前的因素和整个环境的潜在变化）。

产品的成功由它的整体环境——也可称其为生态系统——决定。

12.3.8　无形经济

信息通信技术的发展使价值链中的中介作用完全受到质疑。

市场的组成不再是一边为生产者，一边为同质消费群体（为满足自我需求而有着相同欲望、期望和要求的消费者）。

市场由被称为"部落"的文化群体组成，他们可以自发地与商品或服务的生产者进行接触。部落的每个成员也可以通过向部落其他成员提供技术、组织和人力，为产品的开发和生产（协作生产）或销售做贡献。

生产者可以直接分配、交换和销售其产品，也可以使用新的中介机构。

对市场的分析必须考虑到价值链的具体构造，并将客户与消费者、生产者与分销商区分开来。市场分析可以独立于对这些市场参与者的经济模式的分析。该阶段尚不能对市场进行固定且彻底的描述。

这种经济的复杂性使得传统营销所采用的分析方法变得难以施展，它需要一种系统的方法，一旦确定了问题的重要组成部分，就可以丰富前几个阶段的营销技巧。

12.4 与数字工具相关的经济

与规模大致相同的普通企业相比，我们注意到，经历了数字化转型的企业有以下不同的特点：

- 影响更多的消费者。
- 聘用的员工很少。
- 在全球创新投资中份额大。
- 对市场的影响更大。
- 由于税收优化，其纳税额较低。
- 打造了未来。
- 建立跨国项目，确立标准。在数据结构（大数据）、人工智能、机器人、超人类主义（奇点）方面尤其如此。

正如韦斯特曼（Westerman，2011）所提出的，我们有了一个新的经济模式，它对企业中价值的构建及其边界提出了质疑，见表12-3。

表 12-3　数字转型面临的挑战（韦斯特曼）

与客户关系的改变 （客户体验）	商业流程的转变	商业模式的转变
了解客户	流程的数字化	企业的数字转型
细分式分析法 社交网络的计算机化	提高性能（生产力） 新功能	产品和服务的增长 从实体到数字的过渡 数字包封技术（数字网络）
活动的增长（营业额增长）	员工的自主性	新型数字商务
数字工具使销售得到改进 预测性营销 精简流程（综合物流）	随时随地工作（远程办公） 更大、更快、更灵活的工作群体 共享知识（和技能）	产品和服务的增长 重新定义运营范围 重新定义运营周期
与客户的接触点	业绩管理	全球化
客户服务 沟通渠道的连贯性 自助服务	业务透明度 数据驱动的决策	公司在全球的整合 数字权力的重新分配 共享数字服务
数字工具		
	市场数据和流程的统一	管理的数字整合
分析能力	生产过程要素的数字整合	提供产品和服务方面的新解决方案

12.5　平台的力量

从银行到工业，从公共部门到贸易，从 B2C 到 B2B 再到 B2C，每个行业和商业模式都受到了平台模式的影响。

12.5.1　平台的概念

我们首先应该将面向受众的平台与商业平台区分开来，后者作为一种服务被引入，大多数是云平台，由一家或多家公司开发和控制，面向的是员工、客户或一群明确的供应商或合作伙伴。

这种平台模式意在创造新的产品-服务组合。构建它们的目标是为了让其成为开发者的新收入来源。另外一个目标就是让企业更有效率或吸引力。在后一种情况下，平台成为一个品牌，清除了那些来自生产商的品牌。这种平台还有一个目标：改善客户体验，从而提升客户的忠诚度。平台的一个主要任务就是将最大数量的用户吸引过来。这需要对平台的推广进行投资，在大多数情况下，还需要建立创新型、多部门的伙伴关系。

12.5.2 信任在平台中的作用

在某种程度上，平台的概念是不完美的，因为它要求其用户从一些对他们来说完全陌生的销售人员那里"购买"东西。因此，协作经济中的行动者便利用信任来说服潜在买家在其平台上交易。所以说，最好的平台不是最有效的平台，而是能激发最高信任的平台。正如我们所提到的，这种信任的构建与评价有关。对平台的信任取代了对品牌的信任。

12.5.3 不同类型的平台

平台有各种不同的类型，分别对应社会5.0的新产业的不同愿景：

- 工厂4.0：经整合的供应链，通常被称为德国模式。
- 重大技术工厂：以高度差异化流程为基础。
- 工艺-工业工厂：量身定制工业化。
- 客户驱动型工厂：由客户操作流程。
- 低成本工厂：包含很大一部分开源元素，并且通常自我繁殖。

家乐福实施了数字平台Carrefour.io，对应的是工厂4.0的概念，有一个集成的物流链。

法国国家铁路公司（SNCF）已为其业务建立了平台，重点运用与铁路重大技术相关的技能。

客对客（Guest to Guest）和爱彼迎是基于平台模式的新业务的实例，拥有产生价值的横向伙伴关系，这些都是客户驱动的方法，客户从一开始接触便参与其中。

Etalab 的 Data.gouv.fr 平台是隶属于法国各部委的一家机构，是基于平台模式和开放数据，在为用户和社区服务方面取得成就的一个实例。此类平台与客户无关，它们都是以开源为基础的低成本方案。

12.5.4 作为平台的国家

"为塑造 21 世纪的公共服务，国家必须将自己'优步化'，换言之，国家必须向多种多样的用户和企业家开放，这样就能更好地、尽快地实现普遍利益。"㊀

20 世纪 50 年代，很多国家开始大力发展科技，将一些原本为纸质的程序复制成电子形式。《把国家外包出去！》（*Ubérisons l'État*！）一书的合著者劳拉·吕特诺（Laura Létourneau）说："对很多人来说，电子政务被认为是筒仓形式的简单计算机化，由行政部门来完成行政管理。"我们需要为国家打造一套数字逻辑，不能将数字化视为一种仅凭自身就能让公共服务更有效的解决方案。我们面临的挑战是如何打破筒仓。接下来，我们要采取外部视角，从用户需求的角度出发，利用数字技术来改变他们对公共服务的需求。国家服务的"去中介化"已成为一种需要，这样公共服务的生产率、质量和效率就可以大幅提高，成本就可以降低。相关工具应该到位，还要加上必要的人工智能形式，以便我们了解和诊断用户的要求，实施一些有助于避免出现卡夫卡式行政的解决方案。我们的优先任务之一是在国家的各类服务、各类社区与随后建立的数字化单一柜台之间建立横向联系。换言之，政府必须从远程程序向平台转型。

㊀ 来自法国政治革新基金会（FONDAPOL）的记录，2017 年 7 月 18 日。

这种新型服务面临的挑战是必须要消除行政部门的常规运作，重建信任、合作的价值观。换言之，国家也应接受"共生"社会这一逻辑。这个平台型国家将加强公民和行政部门之间的合作。它应该依靠其领土和地方倡议。国家应该成为一个守望者，它应能：

- 恰当地传播新的合作实践。
- 高度优化新的通信技术。
- 促进最有效投资的社会回报。

我们知道，法国人民对政治的信任正在降低，这与对政府部门的信任是相关的，尤其是在政府部门与用户的关系上。这些政府部门自身也已沦为"刺激性物质"：饱和的柜台、滥用的呼叫中心、僵化的学校、卡夫卡式的流程、政府部门的缓慢反应。为此，有必要对机构和公共组织进行分解，并鼓励它们进行合作。

国家必须经受来自外部的攻击，否则就会丧失主权，这给国家带来了挑战。因此，数字化政策应提倡这样一种观点：在保存主权的情况下，可以在国家控制范围之外创造某些公共服务的价值。为确保实现普遍利益，国家应该采取一种分析式的方法，使其兼顾以下两方面：

- 通过求助其他行动者，特别是私营部门，了解价值创造和价值使用的问题。
- 分析存在普遍利益的地方，以发现是否有真正的生产力收益或隐性的主权损失。

其他国家也有这类平台，比如中国的"微信"健康平台，它管理人们与医院的关系。有了这个平台，人们能预约自己选择的专家，能拿到关于健康的分析结果，能让医生对自己进行简单的远程诊断，还可以支付医疗费用。Finamatic 这家初创企业使公共援助的分配发生彻底变革。这样一来，公务员就可以有更多时间来评估企业家的特殊产品，而不是专门来核实各类行政表格是否填写正确。

但我们仍需建立一个强有力的国家概念。这就要求国家及其行政部门要：

- 确保民主和共和的价值观都得到尊重。
- 捍卫权利。
- 知道如何创建并改进自己的应用。
- 监管经济、信息和数据的使用。

存在的威胁便是国家在可及性和商品化之间进行妥协及通过为商家服务来采集信息。

在建立起主题平台之后，国家应该成为一种"元"平台，在保持双赢伙伴关系这一唯一条件下，对这些专业平台和外部平台行使权力。

举几个商品化的例子。法国国家图书馆（The National Library of France，BnF）认为应该对那些目前可以免费访问的著作收费，因为这些作品不能自己扫描自己，要由图书馆来完成扫描。现在该图书馆要求出版商在提供纸质书的同时提供其电子版。家谱学家协会转售一些重要的公共数据，但该协会通常提供一些附加服务。鲍勃就业中心（Bob Emploi）与（法国招聘就业网 Pôle Emploi）签署了合作协议，其中包含一个独特的目标：在特殊条件下减少摩擦性失业（也称为"流动"，即短暂的失业），不让失业者为该服务付费。法国国家信息和通信系统部际局（DINSIC）鼓励 20 多个数字化"国家初创企业"提供服务：开放数据门户 Data.gouv.fr、简化公共市场（Simplified Public Market，SPM）等。

在那些支持国家平台的人看来，社会已经准备好参与公共服务的共同建设，因为"仅靠国家自身无法实现任何一个目标，甚至是法国公共行动现代化总秘书处（SGMAP）、国家数字秘书处、行动和公共账户部

(Ministry for Action and Public Accounts)"。国家的转型是整个社会的转型，也是正在诞生中的社会5.0的转型。为催生这种转型，众人的力量和数以百万计的用户的力量比公共行政部门的政治决定更为重要。我们有必要在公共服务部门打造一批"内部企业家"，并为公务员提供作为创新激励的报酬，而不是让那些最怯懦的公务员得到加薪和晋升。这些行动有可能失败，我们需要对其进行分析，并且重视对风险的承诺。

国家必须做出承诺，提供高质量的数据。大量的公民身份档案和选举名单的质量都很差。国家平台的成功取决于两点：能否开展测试以减少官员对变革的抵制，以及平台模式是否能够传播。法国国家平台面临的挑战是在美国巨头尚未涉足的领域创造一种新的全球领导形式。如果没有及时做出改变，这将是社会5.0的挑战。

在一些专家看来，一场应用革命将通过新的硬件介入进来，广义上的互联物体都属于这些硬件的范畴（既可以指简单的传感器，也可以指复杂的系统，比如智能手机系统）。目前，这些硬件在使用上有一定的规范。经常被提到的一个例子便是护理连接舱。有了这个护理连接舱，我们就有可能通过与医生进行视频会议来获得医疗诊断，进行一些实验，还可以做血液分析。之后，我们几乎可以立刻获得结果。这些互联物体可以成为医疗荒漠的部分解决方案。

12.5.5 平台即服务

平台即服务（PaaS）让企业通过提供现成的工作环境来促进其平台开发者工作，这使得平台的制作成为可能。

服务平台是社会5.0中的行动者的必备品，这些技术解决方案可以帮助企业快速打造工具，同时让自己与众不同。决策者比以往任何时候都更渴望为客户提供无可挑剔的体验，因此他们需要创建具有一定方法和质量的解决方案。同时，技术解决方案永远处于技术变革当中。在这个竞争激烈的世界中，拥有最好的开发人员已经不够了。面对竞争，企业还需要拥有最好的工具，从而节省时间。开发人员可以专注于提升质量，从事一些带有附加值的任务，以适应企业的需求。因此说，PaaS 已成为一个必不可少的工具，它为企业提供了一个异常丰富的、扩大规模的、经过验证和测试的技术基础。

12.5.6 营销平台

在营销领域，很多公司都整合了独特的客户关系平台或客户数据平台（CDPs）。这些都是对一些客户关系管理（CRM）旧工具的新的开发。目前，这些平台包含了实时分析、自动化和优化解决方案，用于进行数字营销。目前，该领域的发展力求进行更全面的数据收集。一般而言，这些平台是由以下三个模块构成的：

- 数据收集平台：负责收集在线和离线数据。
- 数据决策平台：对不同的营销杠杆进行分析。
- 数据管理平台：对数据进行管理和激活，以执行具体行动。

12.6 平台的局限性

优步的情况便体现了平台的局限性。优步是一家连接客户和司机的公司。与其他平台不同，它的优势在于：由于大型目标社区存在失业现象，所以很容易找到司机。在这个市场上，优步将出租车的固定价格转变为根据供求关系而变化的价格。此外，在宣传中，优步突出其将顶级司机和客户连接在一起，并且提供优质的服务。优步提出的新经济模式有两个特点：它不像宣传中所说的那样具有独创性，让提供资金的金融家放心；它是作为一种破坏性活动出现的，是在与一个受监管的行业对抗。这家公司通过创造"优步化"一词使自己成为一个传奇。

2009 年，特拉维斯·卡兰尼克（Travis Kalanick）创建优步。这家初创企业筹集了 150 亿美元，估值为 600 亿美元。2017 年，优步宣布雇用了 14000 多人，可能产生了 50 亿次出行。该公司在全球 600 多个主要城市开展业务，遍布 50 个国家。

优步是一家典型的用收益管理作为经济模式来不断向前发展的公司。它已经开始在 72 个城市提供家庭送餐业务，目前正在开展小型物流服务，还试图设计一种自动驾驶汽车。在这种情况下，随着时间的推移，其发展的质量肯定会有所下降，最终优步会在那些没有经验、未受过正规教育的年轻人中招募其所谓的顶级司机。

这类公司的另外一个问题是：一些加入者在感觉困难即将来临时就想要退出，股东尤其如此。因此，这类公司有必要解决这种情况，以防加入者后悔莫及。有可能投资优步的人或企业有亚马逊的创始人杰夫·贝佐斯（Jeff Bezos）、贝莱德（BlackRock）集团、沙特阿拉伯主权基金（Sovereign Fund of Saudi Arabia）、高盛（Goldman Sachs）集团、谷歌、摩根士丹利（Morgan Stanley）和丰田。

12.7 免费经济

免费经济主要是随着互联网和网络的出现而发展起来的。

12.7.1 免费经济的特点

免费经济是经济的一个最新特征。从传统上来看，我们应该将以下三种类型的免费服务区分开来：

- 免广告费，如在电视、某些报纸或某些网站上登广告。
- 免数据费，这是某些平台所推崇的方法。
- 两者的混合形式。

12.7.2 "免费"报纸市场的例子

《地铁报》(*Metro*)、《直接晚报》(*Direct Soir*) 和《二十分钟》(*20 Minutes*) 是法国最著名的例子。《地铁报》在 16 个国家发行,在全球范围内拥有 1500 万名读者,其实,达到 1000 万读者的门槛就足以实现财务平衡。地区性报纸《法兰西西部报》(*Ouest-France*) 最初在加拿大以《二十四小时》(*24 Hours*) 为名创建,是《二十分钟》的股东,持有其一半股份。这份报纸在里尔、波尔多、里昂和马赛等几个城市都发行。《里尔加》(*Lille Plus*) 是地区报社创办免费报纸的例子。所有付费报纸都开始创办免费报纸,以避免与先前出现的免费报纸竞争。

免费报纸的运营方式与低成本公司运营的方式类似。《里尔加》所属的里尔加报社的特点是记者队伍小,其运营团队总共由九个人组成:三名记者、四名商业雇员和两名秘书。此外,该报社还将发行工作外包了出去。

12.8 与大公司的斗争

谷歌、亚马逊、脸书和苹果这些大公司的力量太强,因此反对大公司的斗争再次流行起来。

这种争论是老生常谈。资本的积累使大公司的权力越来越大。我们的民主社会正试图限制政治的反作用力。在美国,1890 年的《谢尔曼反托拉斯法》(Sherman Antitrust Act) 颁布了第一批反垄断的规则。

在 20 世纪 30 年代的危机中,大公司被斥为怪物,被称为"弗兰肯斯坦公司"(Frankenstein, Incorporated)。战后,跨国公司被视为西方国家在非洲国家安插的利剑。当时西方国家被视为殖民主义者和帝国主义者。

在有些人看来,这些与数字有关的新型跨国公司是:

- 不明政治物（UPO）。
- 新的国家形式。

在社会层面，这些新型跨国公司以两种方式呈现：

- 作为自主政治权力的化身。
- 作为为我们的福祉服务的公司，同时因其带来了创新，使我们的日常生活更便利。

现在出现的问题就是如何对其进行控制，使我们有可能限制这些公司对政治生活和民主产生影响。这种控制必然与数据和与这些数据相关的一些过程相联系，如数据可视化。

12.9 数据可视化的概念

随着社会5.0收集的数据量的增加，一些数据可视化工具变得越来越有必要。这些工具正在成为以特定方式构建的真正平台。数据可视化是构建数字孪生的一部分。

数据可视化工具可以采用不同的形式：

- 传统工具（Excel、OpenOffice）的可用扩展。
- 在线办公套件提供的机会。
- 简单的在线应用和服务，一般由初创企业提供。
- 集成到现有应用程序的JavaScript库。
- 仪表板生成器。
- 与之相匹配的完全集成的平台（table、PowerBI、Qlik）。
- 利用图表和图形的可视化工具。

数据可视化成为轻型备用平台，能够通过互联网提取所有可自由获取的信息，有助于知识的构建。这些平台也参与了协作智能的开发，用于（重新）定义企业所关注的战略目标和产品采购。信息的分析通常通过数据可视化来促进。

12.10 技术创造新资源

智能手机是移动电话的升级品，是新资源的创造性技术的一个典型例子。阿拉德（Allard）的著作提醒我们，作为一种物品，手机的经济影响是不可忽视的。它使降低电影胶片的生产成本成为可能，就像摄像机、网络摄像头等所做的那样。可共享产品的数量也是经济发展的一个问题，特别是其所在的平台和服务器。

结束语

我们如何能引导这场革命

社会 5.0 是大势所趋，它有两个不可否认的影响：它所涉及的经济行动者的影响和它所依赖的技术的不可控制的影响。遗憾的是，我们必须认识到，预测是不可行的，因为社会 5.0 意味着破坏。同样，我们也无法预测会出现哪些工具。

我们还能依靠一个艺术世界吗？就像儒勒·凡尔纳（Jules Verne）的著作所描绘的那样，可以为我们提供一些关于未来的想法？当然，是的，我们可以！所以说，这个问题仍然存在，或者说，一个新的问题出现了：如何才能在传统艺术和数字艺术的范围内发现那些可以帮助我们对未来有所了解的艺术家？